低・中・高学年の子どもの姿と作品

「色とつながる、かんじる色かたち」(p.79)

「あるところにおうちがありました」(p.70)

「わりばし いっぱい」(p.76)

「どんどんならべて」(p.66)

「落ち葉をここに組み合わせて」(p.83)

「まねして感じて鑑賞しよう」(p.96)

「見て 見て おはなし ～大きな木がほしい～」(p.87)

「ファンタジックカー ～夢やねがいをのせて、未来へ走らせよう～」(p.91)

「大地のおくりもの ～earth in mind～」(p.99)

「ここから見ると…！」(p.103)

「詩からはじまる」(p.127)

「コマコマアニメーション」(p.115)

「よく見て、感じよう
　～スーラの作品～」
(p.110)

「わたしたちの町へようこそ
　～つなげてつくろう ゆめのまち～」
(p.122)

「広がれ！○○ワールド！
　～カムの動く仕組みを使って～」(p.107)

子どもの成長・発達と表現活動

図3-8 (p.52)

図4-3 (p.53)

色彩の基礎知識 | 小学校では「色彩理論」としては学習しないが、ここでは色に関する基礎知識を示す。

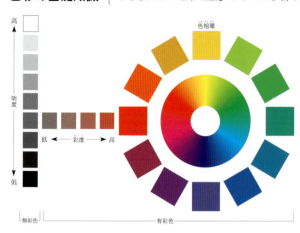

◆ **色の三要素（三属性）**
それぞれの色は**色相・彩度・明度**の三つの要素でできている。

● **色相－色相環（色合いの輪）**
色相を順番に並べて円環にした模式図で、12色に分ける例が多い。

● **彩度（色の鮮やかさ）**
左図の「赤」が左へといくにしたがって、純色に灰色が加わり、左端では無彩色（グレイ）となる。

● **明度（色の明るさ）**
左図、左端の無彩色で明暗の段階を示す。

● 12色相環の色の名称は、上の「きいろ」から時計回りにいうと次のようになる。
　き－きみどり－みどり－あおみどり－みどりみのあお－あお－あおむらさき－むらさき－あかむらさき－あか－あかみのだいだい－きみのだいだい

● 補色－「あか」と「みどりみのあお」などの色相環で向かい合う色同士を補色という。

◆ **三原色** 絵の具などの**色彩の三原色**とスポットライトなどの**色光の三原色**とがある。

● **色彩の三原色**
　（CMY／シアン・マゼンタ・イエロー）
混ぜると明度が低くなり暗くなる。
　→減算混合

● **色光の三原色**
　（RGB／レッド・グリーン・ブルー）
重ねるごとに色の明度が高くなる。
　→加算混合

色彩の対比 | 同じ色でも背景との対比により異なった感じに見える。

◆ **色の対比**
色は他の色との対比で見え方が違ってくる。

明度対比

● **明度対比**
同じ色が、明るい背景では暗く、暗い背景では明るく見える。

色相対比

● **色相対比**
同じ色が、背景の色相によって目立って見えたり地味に見えたりする。

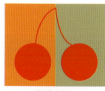

彩度対比

● **彩度対比**
同じ色が、彩度の高い色を背景にするとくすんで、低い色では鮮やかに見える。

◆ **色の感じ**

寒い感じの色　　　　　暖かい感じの色

軽い感じの色　　　　　重い感じの色

図画工作科
指導法研究

佐藤洋照・藤江充　編著

日本文教出版

まえがき

　本書は、小学校教員を目指して大学で学ぶみなさんのために、「図画工作科」という教科について紹介するテキストです。

　子どもの「生きる力」の根本を支える感性や、思考力、判断力、表現力を育み、発展させていく教科の考え方や実際について、図画工作科の基本が具体的に分かりやすく説明されています。

　本書の構成は、大きく三つに分けられます。

> 1）図画工作科の意義や目的、その歴史と子どもの表現活動の特徴など
> 　　　　　　　　　　　　　　　　　　　……第1～4章
> 2）図画工作科の実践に向けての、実践事例を含む指導計画や評価など
> 　　　　　　　　　　　　　　　　　　　……第5～7章
> 3）用具・材料と造形の基礎知識など　　　　……第8～9章

　関連資料として、美術教育上の人物や用語の解説、教員採用試験予想問題も巻末に付けられています。本書の内容を熟読し、関連資料を参考にしながら学習内容を確認して、自主的に学習を進めていくことができます。また、本書で紹介されている全国からの優れた実践事例は、教員として学校現場で活躍するようになってからも、実践に即した先輩からのアドバイスとして参考にしてください。

　子どもたちの好きな教科の調査では、「ずこう（図画工作）」は、「体育」と並んで常にトップを占めています。本書で学ばれたみなさんが、図画工作科の意義や指導法を理解し、学校現場で、さらに多くの「ずこう」が好きな子どもを育てていくことを、著者一同、期待しています。

　　　　　　　　　　　　　　　　　　　　編著者　佐藤洋照・藤江充

目次 contents

まえがき　　　　　　　　　　　　　　　　　　　　　　　　　　　　　3

目次　　　　　　　　　　　　　　　　　　　　　　　　　　　　　　　4

第1章　図画工作（美術／造形表現）教育の意義・目的　　　佐藤洋照　　7

第2章　学習指導要領解説　　　　　　　　　　　　　　　阿部宏行　　19

第3章　美術科教育の歴史　　　　　　　　　　　　　　　金子一夫　　29

第4章　子どもの成長・発達と表現活動　　　　　　　藤江充・槙野匠　43

第5章　図画工作科の授業づくりと学習指導案の書き方　　西尾正寛　　55

第6章　子どもの姿と授業の実践例　　　　　　　　　　　　　　　　65

　　　実践①　低学年1　造形遊びをする活動
　　　　　　　　どんどんならべて　　　　　　　　　　　　　　　　66
　　　実践②　低学年2　立体に表す活動
　　　　　　　　あるところにおうちがありました　　　　　　　　　70
　　　実践③　低学年3　造形遊びをする活動
　　　　　　　　わりばし いっぱい　　　　　　　　　　　　　　　74
　　　実践④　低学年4　造形遊びをする活動／鑑賞する活動
　　　　　　　　色とつながる、かんじる色かたち　　　　　　　　　78
　　　実践⑤　中学年1　造形遊びをする活動
　　　　　　　　落ち葉をここに組み合わせて　　　　　　　　　　　82
　　　実践⑥　中学年2　絵に表す活動
　　　　　　　　見て 見て おはなし ～大きな木がほしい～　　　　86
　　　実践⑦　中学年3　工作に表す活動
　　　　　　　　ファンタジックカー
　　　　　　　　～夢やねがいをのせて、未来へ走らせよう～　　　　90

実践⑧	中学年4　鑑賞する活動	
	まねして感じて鑑賞しよう	94
実践⑨	中学年5　絵に表す活動（ESDとの関連）	
	大地のおくりもの ～ earth in mind ～	98
実践⑩	高学年1　造形遊びをする活動	
	ここから見ると…！	102
実践⑪	高学年2　工作に表す活動	
	広がれ！○○ワールド！～カムの動く仕組みを使って～	106
実践⑫	高学年3　鑑賞する活動	
	よく見て、感じよう ～スーラの作品～	110
実践⑬	高学年4　工作に表す活動（ICTとの関連）	
	コマコマアニメーション	114
実践⑭	立体に表す活動（特別支援学級（学校）　交流及び共同学習）	
	わたしたちの町へようこそ ～つなげてつくろう ゆめのまち～	118
実践⑮	絵に表す活動（他教科との連携）	
	詩からはじまる	124

第7章　図画工作科における評価　　　　　　　　　　藤江充　130

第8章　図画工作科での材料・用具・技法　　　　　　槙野匠　138

第9章　図画工作科の基礎知識　　　　　　　　　　　藤江充　150

資料①　各学年の目標及び内容の系統表（小学校図画工作科）　160

資料②　図画工作科の「採用試験問題」の例　163

資料③　重要人物・用語解説　164

索引　166

第1章 図画工作（美術／造形表現）教育の意義・目的

1. 意義・目的考察の前提

「芸術は、笞を用いないで人間を教育する唯一の手段である」と、バーナード・ショウの箴言をタイトルに附して始まるハーバート・リードの『Education through Art（芸術による教育）』。1943（昭和18）年にロンドンにて出版された本書は、第二次世界大戦直後の西欧において新しい教育思想を展開する歴史的な業績として評価され、これに共感する諸国の学識者による翻訳、教育の実践家たちによる賛同と伝播があいついだ。日本でも敗戦後の復興のさなかに本論に触れ、「人間が生来もつ創造的個性の自然の成長が、教育によって抑圧されている」ことは、リードの身辺の西ヨーロッパ社会ばかりでなく日本においても同様であると「芸術を教育の基礎とすることにより、教育を平和のためへの教育たらしめようとする」彼の熱望に深い共感を寄せた植村鷹千代が、1951（昭和26）年の渡欧の際にリードに直接日本語版翻訳の支援を求め快諾を得た。

その甲斐あって、1953（昭和28）年7月『芸術による教育』が美術出版社より刊行され、世界規模で美術教育界に影響を与えた教育思想に、私たちはいつでも立ち返って検証できることの恩恵を得た。本書の「訳者あとがき」で植村は、リードが寄せた「日本版への序」を引用して「この本はあるいはあまりに西洋的観点から書かれたかもしれない。しかしながら児童の芸術は普遍的である。そのことはわれわれが調査中発見したもっとも重要な事柄の一つである」と改めて紹介し、続けて「じつは私も、日本における教育の問題や芸術の問題も、日本的な特殊条件にもかかわらず、まず第一義的に、問題は普遍的であるということを、この本を読んで痛感した」と語っている。

本題に戻れば、美術（造形）教育を思想的かつ方法論的に問う際に重要なことは、上記より明らかであろう。それは、芸術（ここでは造形的表現）活動を教育活動として扱う際には、内容的にも方法論的にも「何がより普遍的か」に注意すべきだということである。リードや植村をいたずらに礼讃し追随するものではなく、普通学校教育で教科としてとり行う場面での「教科教育の命題」に、常に注意を払うべきだということである。

では何が命題なのか。これについては大変興味深い文献が改訂前の本テキストの共同執筆者であった故岩﨑由紀夫氏によって翻訳され紹介されていた。それはリード自身による1951（昭和26）年7月の「ブリストル（英国）におけるユネスコ・セミナーでの一般教育の中の視覚芸術教育についての講演」要約である。それによれば植村渡欧時期との符合

もさることながら、ロンドンでの本書の初刊から8年目の講演の冒頭に掲げた討議課題、
「即ち、(1) 美術指導の諸方法と諸理念
　　　　(2) 芸術が一般教育の中で占めるべき位置
　この二つの問題である。」として語られた、その要約内容である。
その詳細は後述することにして、ここでは要約文の冒頭部分を紹介しておきたい。「最初の問題は教授学的な問題であり、多分、心理学者や他の専門家と協力して美術の教師によってのみ解かれる問題である。第二の問題は研究家全体によって解かれうる問題であろう。そして、今夕、私が話をしようと思っているのは、この二番目の問題についてである。一般的教育における芸術の位置についてのすべての討議の中で、我々が意見の一致をみていないのは、何が最も基本的なのかということについて──即ち、教育の目的について──意見の一致をみてこなかったからである。」として、教育における芸術の基本的命題を問い直している。（傍点筆者）

2. 教科としての基本的命題

　教科としての命題設定の前提で、前述に重ねて確認しておきたいことは、当教科が普通学校教育における小学校課程の学齢期の児童を対象に施行されているという認識と、何を取り扱っている教科なのかという自覚である。換言すれば、彼ら児童とともに我々指導者が当教科で扱う性格や内容に、いかなる意味や価値を見いだすかにかかっている。
　当教科の意義や目的の把握に課せられる基本的命題、それは、
　(1) 造形的表現活動とはいかなるものか
　(2) 指導可能なこととは何か
この二つであろう。前者は「何を扱っている教科なのか」という性格や意義に対応し、先のリードが掲げた課題の諸理念に相当している。そして後者は、そうした性格的に把握された内容を、児童に対し我々成人の指導者が「いかに扱うべき教科なのか」という、やはり課題(1)の諸方法に相当している。つまり、教科としての基本的命題はリードが掲げる「教授学的な課題」であり、かつ我々指導者が解を模索しつつ常に心掛けながら接しなければならない課題だということである。
　よって、本章での前編の大半は我々教師に課せられる「教授学的な課題」としての上記の基本的命題の解釈にあて、後編では、より普遍的で基本的な課題としての、先に詳細は後述するとしたリードの「（美的）教育の目的」について検討を加えたい。
　については、当教科の分野的な範囲とその性格について少し整理をしておかなければならない。ここまでにも、「芸術」「美術」「造形」「図画工作」といったように分野とも教科目

ともいずれの範囲を対象に語っているのか不明瞭との指摘は免れない。順次、範囲の狭い方から断っておくならば、教科名の問題としてならここではあえて「図画工作科には絵画・製作や美術科とは違った何か特異な性格があるか」との問いに対し、それは学習の主体が小学校学齢期の児童であること、と答えるにとどめたい。また、「一体、いかなることを取り扱っている教科なのか」という問いについては、学習指導要領の内容の項を一瞥すればただちに諒解される通りである。つまり、絵をかいたり、何かしら物的材料を用いてものを拵(こしら)えたりすること（表現活動）と、それらの活動の前提ともいうべき自然の事物に関心を抱くことや、つくられたものの表現の意図を探ろうとすること（鑑賞活動）などである。これらを単につくることができるようにするとか分かるようにするというのであれば、それは技能教育でありあるいは知育であるが、形づくられることの喜びや親しみ、つくられたもののよさや美しさを味わい知るということとなると、これはもはや美術活動そのものであり、芸術の三態（文学・音楽・美術）としての人類の文化的活動所産の一つでもある。

　ここまでを要約するならば、図画工作科の性格は小学校学齢期の児童に向けての美術教育であるといえる。ただ、美術を内容とするということにはいささかのためらいもないのであるが、「美術教育」のみを取り上げるとやや誤解や混乱を招くおそれがある。例えば専門教育における方法論の援用であるとか、流派的な主義・主張に関わることなどによって引き起こされる問題などである。そこで、ここではその「美術」をより客観的かつ一般化して言い換え、「造形的表現活動」としよう。なお、当教科の範囲で語っているから鑑賞に対して表現といっても特段の支障はないようであるが、本来なら「鑑賞」にあてられる並列的な対義語は「製作」である。そして鑑賞には、いかなる素材・材料をいかに扱い、手を加えて作品化したものかと、その意図や手法をたどることから、いわば作品に対しての目や心での「追製作」的な面が色濃くある。そうした意味も含めて、造形的な製作あるいは鑑賞の活動を総称して「造形的表現活動」と捉えるべきだということである。

3. 教科設置の意義

　さて、それでは、小学校学齢期の児童に向けて造形的表現活動の涵養(かんよう)に資すべく、図画工作科を設(しつら)えることの意義とはどのようなことなのであろうか。改めて意義を見いだすべく当初の設定に立ち返るならば、「造形的表現活動とはいかなるものなのか」、我々人間の生活においていかなる意味や価値をもつものなのか、いったい人類はなぜ何のために、あらゆる時代や民族、文化圏を越えて、累々と絶えることなくこれを続けるのか。これらの問いのそのままが、普通学校教育における美術教育の基本的な命題となるはずである。いささか遠大にして悠久なテーマの感があるが、それゆえに本質・本源的な意味や価値観を

導きだすものと確信している。
　以下に、造形的表現活動についての言語的定位（国語的解釈）、形式的及び内容的類別、媒介する要素、そして介在する意味のそれぞれについて順次考察を与えてみよう。

■造形的表現活動の言語的定位
　「造形」とは読んで字のごとく形をつくるということである。だから、人為のみならず動物や昆虫の造巣活動や、あるいは機械的生産も含み、仮に自然の造形（造化）ということを認めれば工作物ばかりか森羅万象の全てが含まれる。そこでの共通の形式的媒体は草木や骨角牙、土砂や岩石・金属などの物的材料である。これに表現性を加味すると、それらの物的材料に変工を加え、自然にあった姿かたちとは異なった状態に形づくることとなる。そしてこのことは、言葉を媒介とする文学的表現や、音声の抑揚や強弱を媒介とする音楽的表現とは一線を画す造形的表現の大きな特徴でもある。つまり物的材料の変工という行為によって残される身振りの軌跡・痕跡その集積が、そのまま作品となるのである。この変工を人為的変工といい、その行為の結果出現する、以前とは異なった状態の特徴としては、そこに「新たな幻影」を伴うということである。形式的側面をつづめていえば、造形的表現活動とは「物的材料に人為的変工を加え幻影を見いだし与えること」である。さらに言い換えれば、物的材料に人為的な変工を加えることにより、それまでになかった新たな物的構造を与え、新たな機能を引き起こすことである。
　先に人為のみならぬ造形の例を挙げたが、それらがここで振り落とされるのは、人為的変工の内容的側面ゆえのことである。それは一つに描写性、そして主観性である。描写性において自然の造形と動物や昆虫の造巣活動はふるい落とされ、残された機械的生産でのカメラによる写真のごときも形式的にして客観的な描写性はあるものの、内容的には扱う人の主観に依っている。
　ただし、自然界における「擬態（mimicry）」の問題だけは残される。
　また、幻影を伴うということには、表現活動かつ鑑賞活動のゆえんとしての重要な意味・内容を含みもっている。それは、物的材料に新たなる構造が与えられることによって発する機能であるとともに、ものに与えられた新たな命、仮象の生命といってもよい。この種の幻影は、形式的には視覚的幻影（illusion）と、内容的には心象的・情趣的幻影（image）とに分けることができ、感覚・知覚的にはどのように見えているのかという形式的幻影と、心の目にはどのように映っているのかという内容的幻影双方の作用なしには、決して表現活動も鑑賞活動も成立しえないのである。
　なぜ幻影なのかといえば、絵空事というように、もとより絵に描いたリンゴは食えない。太古の昔、洞窟の奥深き壁面に動物の姿を描きだした我々の祖先でさえ、それらが血肉を

備え食糧に代わるとは考えてもいなかったであろう。だのになぜ、かくもリアルな表現ができたのか。その時代に生きたその者たちがまさに直面し、見ることのうちに起こる真実を直截にかき付けたがゆえのことだったのではないだろうか。たとえ具体的な対象があったとしてそれを描写したとしても、それはそのものらしさ、見る者の感じ取ったそのものらしさが描かれることにおいては、元来抽象の作用が働いているといえる。この、見ることのうちに起こる直感的かつ直観的真実を、その有形無形を問わず、それが具体的事物であろうが心的状態であろうが、物的材料を借りて再現すること、また、そのようにしてつくられたものを鑑賞し、そこでの見ることのうちに起こる鑑賞者の情趣的真実、それらの繰り返しこそが造形的表現活動なのである。

■**造形的表現の類別**

ここでは、作品化される分野別の形式的及び内容的類別を中心に触れてみよう。

学習指導要領の内容の項を整理してみると、作品化の分野は以下のごとくである。それは、見たことや感じたこと想像したことを、クレヨン・パスや水彩絵の具などを用いて表す「絵画的製作（版画を含む）」、見たことや感じたこと想像したことを、粘土や厚紙・板材などを用いて立体的に表す「彫塑的製作」、用途を考えて様々な材料や用具を用いて表す「工作的製作」、そして用途の条件に対し様々な材料から独自の発想を生かして表す「デザイン的製作」の4通りである。その他に作品としては保定しにくいが、造形遊びと鑑賞の活動があるのである。

この4通りの分野は、形式的には平面的造形と立体的造形とに分けることができる。平面的造形とは、絵画や版画、ポスターのデザイン画や装飾的意匠の考案画などである。また、立体的造形とは、彫塑や工作などである。この形式的類別における平面的ということは、現実的には存在しない画面内の奥行きを想定する感覚的機能による分け方で、先の言語的定位で触れた視覚的幻影によって特色付けられる。しかし、昨今の美術動向では、形式的分類を意図的に横断して扱う傾向が増大している。

一方、内容的側面からする類別では、心象表現と適応表現とに分けられる。心象表現の心象とは、心に描く象のことであり、その表現は主我的な自律的要件によって遂行される。ジャンルとしては絵画や彫塑がそれにあたる。また、適応表現での適応とは何に対するものなのかといえば、用途や機能的条件などといった他律的条件に対しての適応が求められているのであり、工作やデザインが相当する。例えば「風力で動く（機能的条件）おもちゃ（用途）をつくろう」のごときである。

先に作品化しにくいがと説いた、造形的表現活動への形式的な導入と内容的な気付きを期待してなされる「造形遊び」と、そしてまたつくるということは、事物に直に触れ見る

ことによって湧き起こる、その者の感覚・感情との相関物を見いだすことであると気付く「鑑賞」、これらをここでの類別から見れば、形式的あるいは内容的類別から見ても横断的かつ複合的である。それゆえ、教科の内容としての扱いに苦慮するところなのであろう。

　また、学習指導要領でも、造形遊びが高学年にまで定着したことには多とするところであるが、実情的に時間数確保が困難な場合が多いことを思うと、作品化するための時間的なゆとりや作品自体の数量が乏しくなり、しかも、先の扱いが苦慮される指導内容の拡大も手伝って、ますます評価に対する検証・検討と適合性が求められることになるだろう。

　類別について認識するということは、学習指導要領に構成されている表現内容の形式面あるいは内容面での位置関係やつながりを把握する上で重要であり、また、個別あるいは集団毎の児童の状況判断的な指導方針を計画する上でも有効である。

■造形的表現の要素

　ここでは、先の言語的定位で触れた物的材料を媒介とするという意味から解説しよう。そのように限定しない造形的表現の要素たるや厖大な範囲を含むことになるからである。

　物的材料としての要素は大別して三つある。それは「色」「形」「材質」である。これらは言い換えれば、物的材料の性状を表す属性といってもよい。いかなる物的材料にも固有の色彩と形状と材質感とが伴っているのである。そして、色、形、材質は、またそれぞれに属性を有している。色については色彩学において明瞭に分化された色相・明度・彩度なる三属性が知られている。形については少々厄介で明確な属性的尺度はないが、点・線・面、あるいはそれらの移動や集積等、運動を許容する空間などの概念がそれに相当する。材質については重量感なども含み尚更厄介なのであるが、便宜的には多様な材質感を構成する評価尺度の「粗滑・硬軟・軽重」などは概念的に把握しやすいものであろう。

　これがひとえに表現者にとっての材料的要素ばかりでないことは、例えば画用紙に水彩絵の具で描かれた風景画があれば、鑑賞者は、現実的には紙の上に塗り付けられた色の粒の配列を見ていることになる。しかし鑑賞者はそんな物的状態を見るのではなく、描かれた景色を見て「のどかな田園風景だ」とか「雄大な山々だ」とか、つまり物的材料が変工されて織りなされた形や色や材質感の構成様態を見ながら、描写的様子とかその雰囲気や気分を感じ取って味わっているのである。そしてこの「のどかな」とか「雄大な」という気分を感じること、これこそが先の言語的定位で触れた心象的・情趣的幻影なのである。

　より日常的に例えれば、身に付ける衣服や持ち物、生活空間に配置する家具・調度など、たとえそれが機械的生産によるものであったにしても、いずれかの過程においては、色柄・サイズや形状・材質について、だれかしらの感覚・感性による選択的計画（デザイン）がなされているのである。それらの製品を買い求める者は、ここではまさしく鑑賞者であっ

て、値段などの付加的価値や製品としての信頼性を除けば、ほとんど物的属性の織りなす心地よさが選択的判断の基準になっている。

　要するに、表現者は物的材料を借りて美術現象の形式的推進力（作品）を担い、鑑賞者はそれの内容的支持力（価値観）を担っていることになる。それはまた、表現（製作）活動と鑑賞活動とが表裏一体の関係にあり、双方のアプローチなしには芸術現象が成立しないということと同義でもある。

■**造形的表現の意味**

　造形的表現が現象することの意味、これも大別すると三つある。それは、
　〇感覚的意味
　〇連想的・説明的意味
　〇情趣的意味

である。初めの感覚的意味とは、何かしら何者かによってつくられたものがそこにあることに気付くという意味である。また、いかにつくられているかということであり、人為的変工の形式的側面のことである。だから、つくられなければそれはないのだし、見られなければなきに等しいのである。「ある」ということには表現者と鑑賞者の双方が関与しなければならない。二つ目の連想的・説明的意味とは、内容的意味といってもよく、つまり何がつくられているかということである。絵画に例えれば、これは人物画でも静物画でもなく風景画である、と表現者と鑑賞者の共通の認識が得られるということで、先の人為的変工で触れた内容的側面での描写性に依っている。そして、三つ目の情趣的意味、これこそが美術的あるいはより広範に芸術的意味といってよい。作品という実態を挟んで、表現者がこの意味を介在させ鑑賞者がこの意味の存在を認めなければ、もとより芸術現象はありえない。前述までの言葉に換えればこの意味は、気分のことであり、幻影であり、心象であり、「ものに与えられた新たな機能としての仮象の命」である。あるいは「美」そのものといっても言いすぎではない。これらの意味は先のものから順に、一般的・客観的なところから個人的・主観的なところへ、あるいは現実的で明瞭なところから想像的で不明瞭なところへの方向性をもっていることに気付かれるであろう。これを逆から見れば、個人的で不明瞭な気分・感情・情趣というものを、物的材料を借りて「ある」と認められる姿かたちに顕在化すること、それが造形的表現活動独自の意味・意義であり価値なのである。

　人類のこの営みは、太古の洞窟の壁面に象られ残された先人の「手形（かたど）」が物語るように、自分自身に「かたち」があることの発見からの、時間と空間を越えた証跡として絶えることのない累積なのであり、かつ人類の思慕感懐の標本でもある。

4. 図画工作科教育の意義

　我が国の学校教育における美術教育の歴史は、明治初頭以来いまだ150年に満たない。その間、当教科にあてられた役割は、時代の政策的な教育行政により直接的な変転を余儀なくされた。はたして斯かる変転なしに美術的な表現や価値観は継承され得なかったのであろうか。つまり、今日に美術的所産や価値観があるのは学校教育のお陰なのかを、謙虚にかつ真摯に省察せねばならない。「教育」とは傲りやすく、そして常に危うい。

　教育が表現性の涵養であることは、いかなる教科にも通底する意義・目的の一面である。当教科で扱っている内容は、先に論証してきたように、とりもなおさず造形的表現活動である。その性格的特性がそのまま、あるいはそれを教科として扱い得ることが意義となるであろう。それはやはり、自らの感覚・感情・情趣の、把握・実現・有形化であり、まずは自分自身と向き合うこと、これに始まりこれに尽きるといってはばからない。

　よく「芸術は鏡」であるといわれる。それは自己を映す鏡であり、他者を映す鏡でもあり、引いては世界を自然を映す鏡なのである。表出・表現をしてみて初めて気付く自分がある。言葉や音声による表現でもそれは同じである。しかし造形的表現では、作品が物的材料に変工を加えた痕跡そのものであるがゆえに、つくり残したしばらく後に、思わぬ自分に向き合うこともある。いとおしくも悲しくも、嘆かわしくも醜くも、肉感を伴ったその折々の自分自身にである。ただし我々は、人類としての太古の造形表現も、一個の人間としての子どもの時分の造形表現も、二度と再び同じ境涯では成し得ないのである。果たして鏡となった作品は、時を越え場所を移しながら、その前に佇む鑑賞者自身の心のかたち「心象」を映しだすのである。これらの情性を育むことが、優れた知性や意志の母体となることを信じて疑わない。

5. 教科の目的とAI時代の図画工作科教育

　表現及び鑑賞の活動を通して、造形的な見方・考え方を働かせ、生活や社会の中の形や色などと豊かに関わる資質・能力を次のとおり育成することを目指す。
（1）対象や事象を捉える造形的な視点について自分の感覚や行為を通して理解するとともに、材料や用具を使い、表し方などを工夫して、創造的につくったり表したりすることができるようにする。
（2）造形的なよさや美しさ、表したいこと、表し方などについて考え、創造的に発想や構想をしたり、作品などに対する自分の見方や感じ方を深めたりすることができるようにする。
（3）つくりだす喜びを味わうとともに、感性を育み、楽しく豊かな生活を創造しようとする態度を養い、豊かな情操を培う。

学習指導要領（平成29年告示）図画工作科の目標

学習指導要領の解説は次章に委ねるが、当教科が担い育むべき資質・能力が「創造性／創造力：creativity」に集約されるであろうことに異論はないだろう。一般的に創造するとは辞書的に「新奇で独自かつ生産的な発想を考えだすこと、またはその能力」とされ、識者の名言を借りれば「思い出すことに似ている」（ロジャー・ペンローズ）とか、「(別個な複数の事象を)結び付けること」（スティーブ・ジョブズ）などと簡潔に言い当てられてはいるものの、さて、公教育の一教科として、かつその担当教員がいかなる解釈と指導方針・指導法を携え児童の学習指導に係るかは、教科の目的具現に多大なる影響を及ぼすに違いない。パブロ・ピカソが創造とはの問いに「子どもはだれでも芸術家だ。問題は大人になっても芸術家でいられるかどうかだ」と答えたように、頭足人や観面混合（基底線や折り返し）など、子どもの内発的な感性や知性から自動的に発する普遍的で優れて創造的な造形技術を、いかに教育的に育み、その後も自分自身の資質能力として発揮し続けることができるか……。問題は創造性教育に係る大人（指導者）の側にありそうである。

　子どもはいかなる時代にも常に現在進行形の環境下に生まれ、人間社会環境の変化とともに生育し生活を営むこととなる。ハイテク技術の覇権争いで顕在化するであろう新冷戦の構造化によってグローバリズムは終わりを告げるという。予期せぬ事態に直面しても多様な選択肢を案出し続けることが変化に対する耐性となるなら、経験的な蓄積による熟練の「現場合わせ」に象徴されるように、図画工作教育の実質的効用すなわち多角的視点から事物を把握する有機的思考とその有形化による造形的表現活動は、臨機応変の対処能力の育成に大いに資するはずである……が、いよいよ指導の可能性が問われる時代が来ている。

　では、現代にあって当教科の効用をいかに学校教育に敷衍すべきかについて、先の事由で幾分悲観的ではあるが、「身に覚えのある感覚・感性や知識・技能を、そののち体得的にかつ社会的・調和的に働かすこと」ができる資質・能力を育成しようと、アメリカや韓国で推進されている『STEAM教育』は注目に値するであろう。教科としての目的は個々別々であっても、それらを調和的・融和的に結び付ける創造力こそが現代に求められる教育法的理念だとするものだからである。『STEAM教育』の「A：Arts（芸術）」の基盤に据えてほしいフランスの画家ジャン・バゼーヌの『現代絵画覚書』の一節を紹介しよう。「創造とはいわば〈限度にきた〉自動現象（オートマティズム）である。提供された表徴を感性によって忍耐強く選択すること、《モシキミガ、スデニワタシヲミツケテイナイノダトシタナラ、キミハワタシヲサガシハシナイダロウ》という先行的な潜在意識の描く図式に接近する緩慢な作業である。」この命題に向かい、ＡＩ技術にではなく人類の美術が継承されていくものと信じたい。

　またフランスの数学者ポアンカレは「創造性は、ただ知的な作業ではなく、もっと別の情意的要素＝審美的感覚を必要とする」と指摘し、ますます諸科学の有機的融合には美的感受性が不可欠であることを示唆し、課題を的確に深遠化している。

第１章　図画工作（美術／造形表現）教育の意義・目的

6. 美的教育の目的

　さて、いよいよ本章の冒頭で前提として触れた、リードの「美的教育の目的」に検討を加えてみよう。1953（昭和28）年に出版された日本語版初版『芸術による教育』の第1章「教育の目的」第4節「総括」を初めから引用すると、

　　「だから教育の一般的目的は、要するに、人間の個性の発達を助長するとともに、こうして教育された個性をその個人の所属する社会集団の有機的統一と調和させるためにある、と断定できる。この過程において、審美的（エッセティック）教育は基本的であるということを、順次明らかにしようと思う。このような審美教育の包括するところは、
　（一）あらゆる知覚及び感覚の自然の強度を保存すること
　（二）諸種の知覚及び感覚を、相互にかつ環境に応じて、調和的に働かせること
　（三）感情を人に通じる形で表現すること
　（四）表現しなかったならば、部分的にあるいは全面的に、無意識で終わったかもしれない諸種の精神的経験を人に通じる形で表現すること
　（五）思想を必要な形で表現すること
　　（中略）私はまず芸術の定義から始めよう。（中略）その後で、芸術にも教育にも同様に含まれている基本的な心的過程——すなわち知覚と想像——について検討を加えることにしよう。（中略）私自身の出発点は審美的感覚である（中略）いかなる場合にもこの審美的感覚の要素が肝要であることを発見する。」

と、一貫して、芸術を教育の基礎とすべく命題を展開する際に、繰り返される「何が普遍的な感覚なのか」「何がより基本的な方法であり目的なのか」との問いで満たされている。
　それは、「後述する」と前提で紹介したリードの「講演要約」でも同様であり、殊に、上に掲げる（一）、（二）が強調して反復されている。つまり「感覚的な経験の質を調和的に維持する（二）」ために「あらゆる知覚や感覚の生来の強度を発現させること（一）」であるということであろう。（傍点筆者）
　『芸術による教育』原著初版は1943（昭和18）年である。世界大戦当時の社会的疾病や、対人間疎外に対するリードの観察による懸念が随所に読み取ることができ、その先見性を認めるというよりは、止めようのない時代の趨勢への無力感を拭えない。人として本来の成長発達に待つべきものを、いたずらに強制かつ矯正せずに、しかし、扱っている内容や時宜に応じては、明確な指導指針に支えられた価値観と方法論を携えて指導にあたらね

ならないとの示唆が読み取れる。

これらを反省材料に、当教科の目的を昨今の教育事情に鑑み指導の可能性に置き換えて、先に掲げたリードの審美的教育の目的に照らして私見をまとめてみよう。

① 自然・人工の別なく物的材料体験を能動的に豊かにすること
② 表現を児童自身のものに引き戻してやること
③ 児童自身の表現を保障し、勇気付けること
④ 自己表現が自由なら、何でもありだからどうでもいいのだと自暴自棄に陥らぬよう、どうでもいいかどうかを自分自身に向き合うよう勇気付けること
⑤ 教師が強制するからという逃避や、指示待ちなどの言い訳や追従、ましてや成績のためなどといった学ぶことへの背信を学習させぬこと

教科の目的や教育の目的としての「美術教育」を考えるとき、そこには厳然として「実存としての美術」と「当為としての教育」の相克に対峙せざるを得ない。つまり、美術現象は突きつめるならその発生を辿ることも説明することも能わぬものでありながら、その一面の効用を期して教育的手段に採用すると、途端に教条的になり「○○あるべきである」「△△でなければならぬ」と当為の様相を呈する。だからこそ我々教員は、常に担った教科の教育の目的を「指導の可能性」に置き換えて、学習の主体（児童・生徒）の表現性を見つめ保障し、彼らの表現性涵養の利益を思い、教科として扱っている内容本来の価値観の体得的学習の機会を用意することが肝要なのであろう。

「図画工作科」本来の教育的価値観について、平準に、直截に、そして何より真摯に、学習の主体に向けあるいは保護者へ向け文章化して語りかけた書物等は少ない。それは、指導者自身の教育的価値観や教育的姿勢が、そのまま剥き出しに問われることになるからなのかもしれない。

本章を結ぶにあたり、リードの「児童の芸術は普遍的／問題は普遍的」との問題提起に自ら繰り返し問いかける「何がより基本的な方法であり目的なのか」に応答するかのように、下の文章を「この本を読む人へ」と題し、1年生用から6年生用まで漢字かな交じりの度合いや語り口等の若干の違いはあるものの、一貫して巻頭や巻末で語りかけた図画工作の教科書の一文を紹介したい。現在では絶版となってひさしい現代美術社刊『子どもの美術』である。無論、教科書としても今は使われていない。

「図画工作の時間は、じょうずに絵をかいたり、じょうずにものを作ったりすることが、めあてではありません。きみの目で見たことや、きみの頭で考えたことを、きみの手で、かいたり作ったりしなさい。心をこめて作っていく間に、自然がどんなにすばらしいか、どんな人になるのが大切か、ということがわかってくるでしょう。これがめあてです。」

＊参考・引用文献

- ハーバート・リード（植村鷹千代 訳）『芸術による教育』美術出版社、1953（昭和28）日本語版初版、1965（昭和40）改訂4版等
  上記は現在入手しづらいが、下記にて全面新訳が復刊されている。
- ハーバート・リード（宮脇理 他 訳）『芸術による教育』フィルムアート社、2001（平成13）
- 岩﨑由紀夫 訳「芸術による教育」のハーバート・リード自身の要約発表
  大阪教育大学・美術学科『美術科研究』第2巻所収、1984（昭和59）
  URL　http://ir.lib.osaka-kyoiku.ac.jp/dspace/handle/123456789/2252
- 兵頭仁紀 他・著「材質感評価時における触運動について」『日本感性工学会論文誌』Vol.12 No.3 pp.425-430 所収、2013（平成25）
  www.gitc.pref.nagano.lg.jp/reports/pdf/H26/01Zairyo/H26M04_17-21.pdf
- 深田康算『美と芸術の理論』白鳳社、1971（昭和46）初版、1991（平成3）改装版第2刷等
- 深田康算『芸術に就いて』岩波書店、1948（昭和23）
- 『深田康算全集』第3巻所収「芸術一般」岩波書店、1930（昭和5）
- 『深田康算全集』第1巻所収「芸術一般」玉川大学出版部、1972（昭和47）
- デビッド・A・スーザ、トム・ピレッキ（胸組虎胤 訳）『AI時代を生きる子どものためのSTEAM教育』幻冬舎、2017（平成29）
- ジャン・バゼーヌ（宗左近、田中梓 訳）『バゼーヌ芸術論—現代絵画覚書—』美術公論社、1978（昭和53）
- ポアンカレ（吉田洋一 訳）『改訳 科学と方法』岩波書店、1953（昭和28）
- 森林太郎（森鴎外）『審美新説』春陽堂、1900（明治33）
  URL　http://dl.ndl.go.jp/info:ndljp/pid/849570（国立国会図書館デジタルコレクション）
- 『森鴎外全集』（全38巻）第21巻所収「審美論」「審美新説」「審美綱領」「審美極致論」「審美仮象論」他　岩波書店、1971（昭和46）
- 佐藤忠良、安野光雅・編『子どもの美術』上巻（1-3年）下巻（4-6年）現代美術社、1982（昭和57）改訂版　等
- 佐藤忠良、安野光雅・編『子どもの美術』上（小学校123年）下（小学校456年）現代美術社、1986（昭和61）等
  他にも、各学年分冊の図画工作教科書『子どもの美術』現代美術社刊があるが、出版年やISBN等の記載がなく文献としては特定しにくい。

> **column　研究課題**
>
> 1）人間が行うのと、他の動物や昆虫の造形活動との本質的に異なる点は何か。
> 2）現代と150年前（学制施行当初）とでの美術（造形的表現）活動そのものについての価値観にはいかなる差異や変化があるか。
> 3）地球上の異なる文化圏においては、美術（造形的表現）活動についての価値観にいかなる差異があるか。
> 4）造形的表現活動における「創造性」とはいかなるものか。
> 5）森鴎外は「美学」という訳語を併用しながらも、なお「審美」にこだわり続けた。「審美」には他の訳語に換えられないいかなる意味合いがあるだろうか。
> 6）人類は「なぜ、何のために」美術（造形的表現）活動をしているのだろうか。

（佐藤洋照）

第2章 学習指導要領解説

1. 学習指導要領と学習指導要領解説について

　学習指導要領（160頁、資料参照）は、各学校で編成する教育課程の基準として文部科学大臣が公示するものである。およそ10年に一度改訂され、各学校で、どのように教育するかについての基準的事項を、国の立場から示している。学校は、地域や学校の実態、子どもの発達や特性を考慮するとともに、学習指導要領を踏まえて、教育課程を編成するよう求められている。教科書も学習指導要領の主旨に沿って編成され国の検定を受ける。

　学習指導要領解説は、学習指導要領に書かれた文言を逐条形式で説明するとともに、指導にあたって配慮すべき事項を学年ごとに解説している。

　図画工作や美術においては、小・中学校の指導の一貫性の観点から、平成20年（2008）告示では〔共通事項〕が設定された。平成29年（2017）告示[1]では、「資質・能力の三つの柱」を基に、目標が整理されている。

2. 学習指導要領の構造と改善の具体的事項

　学習指導要領は、「第1　目標」、「第2　各学年の目標及び内容」、「第3　指導計画の作成と内容の取扱い」で構成されている。このたびの改訂では、三つの柱を基に、「何ができるようになるか、何を学ぶかを踏まえて教科の目標を整理するとともに、教科の存在理由というべき本質的な意味や意義を「見方・考え方」で示している。また、それらを実現するための授業改善の視点として、「主体的・対話的で深い学び」についても言及されている。

①教科の目標と見方・考え方

　第1の「教科の目標」には、このたびの改訂で、前文（柱書）が加えられた。そこには教科の目標を総括的に示し「表現及び鑑賞の活動を通して、造形的な見方・考え方を働かせ、生活や社会の中の形や色などと豊かに関わる資質・能力を次の通り育成することを目指す。」とされている。この「見方・考え方」は各教科の特質に応じて示されているが、図画工作は「造形的な見方・考え方」として、「感性や想像力を働かせ、対象や事象を、形や色などの造形的な視点で捉え、自分のイメージをもちながら意味や価値をつくりだすこと」として示している。

具体的には、育成する資質・能力を明確にするため、これまでの教科の目標及び学年の目標を「知識及び技能」、「思考力、判断力、表現力等」、「学びに向かう力、人間性等」の三つの柱に沿って示すこととなった。

②各学年の目標と内容
　第2の「各学年の目標及び内容」では、教科の目標を基に、学年の発達を踏まえて、低・中・高学年の学年ごとにまとめて示されている。具体的な指導と連動する〔共通事項〕の（1）ア「知識」や材料用具などは、第3の2「内容の取扱い」に記載されている。内容もまた、地域や学校、一人一人の子どもの実態に応じて、弾力的な指導の工夫が行えるように2学年ごとにまとめて示されている。

③指導計画の作成と内容の取扱い
　第3の「指導計画の作成と内容の取扱い」は、各学校で指導する場面での配慮すべき事項が列挙されている。この「指導計画」は、年間を見通して作成する年間指導計画や、学期、月、週、単一の授業時間での展開の計画など、その目的や期間の長さの違いによるものがある。また、指導の計画は、材料・用具の準備、教室における座席や用具類などの配置、製作中の子どもの動線などを考慮するなど多岐にわたる。これらは事前に教師が行う教材研究で検討される。これら指導の工夫は、実際の指導で生きることになる。その結果として造形活動の充実が図られ、子どもの資質・能力の発揮として反映されることになる。

3. 内容の構成

　図画工作の内容は、「領域（表現及び鑑賞）・〔共通事項〕」「項目」「事項」によって構成されている。
　本来一体的である表現と鑑賞の活動であるが、学習指導要領では教科の目標が「表現及び鑑賞の活動を通して」とあるように、「A表現」と「B鑑賞」の2つの領域で目標や内容を分けて示している。
　これまでは「A表現」を「造形遊びをする活動」と「絵や立体、工作に表す活動」の項目に分けて、その中で発想や構想などの資質・能力の育成を位置付けてきた。改訂された平成29年告示では、「A表現」の領域を通して育成する（1）「思考力、判断力、表現力等」として発想や構想に関する項目と、（2）「技能」の育成に関する項目に分け、そこに「事項」のア「造形遊びをする活動」、イ「絵や立体、工作に表す活動」を位置付けている。
　「B鑑賞」の領域は、鑑賞に関する項目（1）を設け、育成する「思考力、判断力、表現力等」

をアとして示している。

　また、〔共通事項〕（1）ア「知識」とイ「思考力、判断力、表現力等」の育成は、「A表現」及び「B鑑賞」の領域の共通する具体的な指導の中で取り扱うこととしている。

4. 内容に関する事項と配慮事項

①「造形遊びをする活動」と「絵や立体、工作に表す活動」

　「造形遊び」は、遊びのもつ教育的な意義と能動的で創造的な性格を拠りどころとしている。進んで材料などに働きかけ、自分の感覚や行為を通して捉えた形や色などからイメージをもち、思いのままに発想や構想を繰り返し、経験や技能などを総合的に活用する造形活動である。一方、「絵や立体、工作に表す」は、子どもが感じたこと、想像したことなどのイメージから、表したいことを見付けて、好きな形や色を選んだり、表し方を考えたりしながら、絵にかいたり、粘土でつくったり、用途や目的があるものをつくったりする造形活動である。

　なお、造形遊びをする活動は、材料や場所、空間などの特徴から造形的な活動を思い付いて活動するものであり、絵や立体、工作に表す活動は、表したいことを見付けて、それに必要な材料を選んで表すことになる。これらは、造形的な創造活動の過程が異なることから、両方を学ぶことで、表現に関わる資質・能力が豊かに形成されることを重視する必要がある。

②鑑賞する活動

　「B鑑賞」の領域は、鑑賞の活動を通して、育成する「思考力、判断力、表現力等」の観点から示されている。また、第5学年及び第6学年の鑑賞の対象に「生活の中の造形」を位置付け、生活を楽しく豊かにする形や色などについての理解を深めることができるようにすることが示されている。鑑賞の活動に関しては、「生活を美しく豊かにする造形や美術の働き、美術文化についての理解を深める学習の充実を図る」を受けて改訂されたと考えられる。ここでは「理解を深める」とあるように、三つの柱のうち「知識」との関係も含まれていて、作品などを鑑賞する活動を通して、形や色などの造形的な特徴についての理解が深まるような鑑賞学習の充実を求めている。

　子どもは、幼い頃から、身近なものを見つめたり、手にしたりするなど、自ら対象に働きかけることを通して、心を動かしながら身の回りの世界を捉えている。それは感じたことから自分の考えを組み立てたり、組み直したりしながらその子なりに見方や感じ方を深めていく営みである。このような営みの中で、子どもは対象に面白さを感じたり、周りの

人と共有できるよさなどを見付けたりしながら自分なりに意味や価値をつくりだしている。それは、見ることとつくったり表したりすることを繰り返しながら表現を高めたり、感じたことを話し合いながら文化の違いを理解したりする活動などの基盤になっている。

　ここで発揮されているのが鑑賞における「思考力、判断力、表現力等」である。これを伸ばし、身の回りの生活や社会に能動的に関わるとともに、伝統を継承し文化を創造する力の基礎を培う活動が「鑑賞の活動」の内容である。

　大まかな内容は、自分たちの作品や身近な材料、我が国や諸外国で親しみのある美術などの形や色などを捉え、自分なりにイメージをもつなどして、主体的によさや美しさなどを感じ取ったり考えたりし、自分の見方や考え方を深めることである。学習活動としては、子どもは、自分の表し方の変化を振り返る、作品などの意図や特徴について話し合うなど、様々な方法で自分の見方や感じ方を深めるとともに、作品などを大切にしようとする態度を育てることになる。

③〔共通事項〕

　表現及び鑑賞の学習において共通に必要となる資質・能力である〔共通事項〕は、「知識」と「思考力、判断力、表現力等」の観点から整理して示された。高学年の〔共通事項〕（１）ア「自分の感覚や行為を基に、形や色などの造形的な特徴を理解すること」は、形や色などの造形的な視点を育成する観点から「知識」として位置付けられた。〔共通事項〕（１）イ「形や色などの造形的な特徴を基に、自分のイメージをもつこと」は、自分のイメージをもつことを育成する観点から「思考力、判断力、表現力等」として位置付けられた。

　この〔共通事項〕は、自分の感覚や行為を通して形や色などを理解すること、及び自分のイメージをもつことを示している。「自分の感覚や行為」とは、視覚や触覚などの感覚、持ち上げたり動かしたりする行為や活動のことであり、子ども自身の主体性や能動性を示している。「形や色など」とは、形や色、線や面、動きや奥行きなどの対象の造形的な特徴のことである。「自分のイメージ」とは、子どもが心の中につくりだす像や全体的な感じ、または、心に思い浮かべる情景や姿などのことである。どちらも、生まれてからこれまでの経験と深く関わっており、そのときの感情や気持ちとともに、心の中に浮かび上がらせている。

　このように表現及び鑑賞の活動で、形や色、イメージなどは、「思考力、判断力、表現力等」や「技能」を働かせる際の具体的な手掛かりになっている。同時に、それぞれの子どもの生活経験、社会や文化などに深く関わっており、一人一人の子どもが生きる上で大切な役割を果たすものである。このような意味で〔共通事項〕で示している内容は、表現及び鑑賞の活動を通して、造形的な見方・考え方を働かせる子どもの具体的な姿であるとともに、形や色、イメージなどを言葉のように使いながら生活や社会と豊かに関わるコミュニケー

ション能力の基盤になるものといえる。

④配慮事項

　配慮事項は、教科の目標や学年の目標に示されたことを実現するための指導上の工夫である。第3の「指導計画の作成と内容の取扱い」は、指導計画作成上の配慮事項と、内容の取扱いの配慮事項に分かれて示されている。

　今回の改訂の大きなねらいである「主体的・対話的で深い学び」の実現に向けた授業改善に関する配慮事項は、指導計画に関する事項（1）に全教科とも位置付いている。

　また、指導上の配慮事項の項目数も増え、一人一人の子どもの思いが実現できるよう記載されているとともに、〔共通事項〕と「知識」の関係を学年の発達に応じて具体的に記載されている。

5. 授業改善の鍵

①総説と見方・考え方

　このたびの改訂では、全教科の学習指導要領解説の冒頭に「第1章　総説」が設けられ、改訂の経緯や方針が示された。また、総則以外の全教科等の「第3　指導計画の作成と内容の取扱い」には、単元や題材など内容や時間のまとまり（下線筆者。以下同）を見通して、「主体的・対話的で深い学び」が実現できるよう授業改善を進めることが示された。

　総説には、授業改善のために留意するべきア～カの6点の取り組みが示されており、そこでは、深い学びの鍵として「見方・考え方」を働かせることが重要であるとしている。その「見方・考え方」は、各教科ならではの特質を有するものであることも併せて記載されている。

　その上で、「見方・考え方」は各教科を学ぶ本質的な意義をもつものであり、学習と社会をつなぐものでもあり、人生において自在に働かせることのできる汎用性のあるものとしている。

　図画工作における「造形的な見方・考え方」とは、「感性や想像力を働かせ、対象や事象を、形や色などの造形的な視点で捉え、自分のイメージをもちながら意味や価値をつくりだすこと」であると規定している。

　中学美術では下線部の「自分のイメージをもちながら」が「自分としての」に変わる。これは、小学生の造形活動の過程は、自分の内で行きつ戻りつしながらイメージをつくりだすのに対して、中学生では自分の外に一定のイメージを置き、間主観的な立場で表現することができる発達の違いとして捉えることができる。

②「造形的な見方・考え方」と「感じ方」

　図画工作では、文部省発行『新しい学力観に立つ図画工作の学習指導の創造』（平成5年）において示された「新しい学力観」を現在も引き継いでいるといえる。そこでは育成する四つの観点が示され、子どもたちが自分の思いを生かした主体的な学習活動を通して、自ら学力を身に付け、自己実現に生かすことができる学習指導を求めている。図画工作では四つの観点のうち「知識・理解」を「鑑賞の能力」として読み替えて位置付けている。これは「知る」ことより「感じる」ことが優先されるからである。そのことを、「他の多くの教科は「知識・理解」となっていますが、図画工作では、「鑑賞の能力」をあげています。鑑賞の活動は、作品などのよさや美しさなどを自分の感覚や感情をはたらかせ、感じとったり、味わったりすることを楽しむもの」2)と説明している。「鑑賞の能力」は、表現の活動においても展開され、表現と鑑賞の創造活動を支える資質・能力であり、感性的な理解としている。

　このように図画工作の特質から、感じることを基にした理解を「感性的な理解」としている。つまり「造形的な見方・考え方」ではなく「造形的な見方・感じ方・考え方」とするのが妥当である。「見方・考え方」が、認知的な面に偏りがちになることに対して、感性など情意も含め「感じ方」を包含することで、図画工作特有の見方・考え方が鮮明になるといえる。

　このたびの学習指導要領では、子どもの視点で学習を見直すことが強調されている。指導者側の「教え」を基に、学習を成立させることではない。「見方・考え方を教える」ことはできても「感じ方を教える」とはならない。

　「感じ方」は、それぞれ固有に存在するものであり、全身の感覚や想像力を働かせて、自ら味わうものであり、他者から教えられることではないからである。

●図1

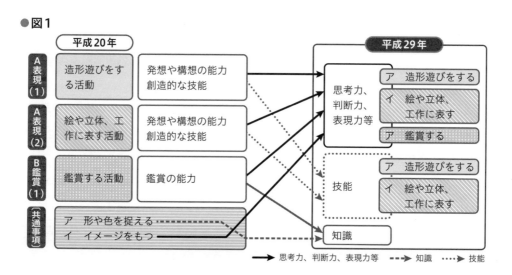

図1は学習指導要領の新旧による資質・能力の変容である。旧学習指導要領の「鑑賞の能力」は、「思考力、判断力、表現力等」と「知識」に枝分かれしている。これは、見たり触ったりすることを通して感じ取ること（＝知識）と、考えること（＝発想・構想）が一体的に働いていると示すものである。[3]

　つまり、見たり触ったりすることを通して感じ取ることは、鑑賞単独の活動だけではなく、表現する中でも働いているといえる。

6. 題材の重要性

①題材づくりは、教師の創造性の発揮の場

　このたびの学習指導要領では、三つの柱を踏まえて育成する資質・能力を示し、幼稚園・小学校・中学校・高等学校で「子どもの目線で考える教育課程」[4]を求めているといえる。これは、全ての教師が子どもの学びの成立をチーム学校で授業改善に取り組むべきであることを示している。求められるのは、子どもが主体的に学習に取り組む学びである。授業改善の視点である「主体的・対話的で深い学び」を実現する授業に向けて取り組むことが大切である。

　図画工作では、改善の重要な鍵を握るのが題材といえる。この題材について学習指導要領では、図画工作は題材ごとに作品や活動をつくりだすものとし、作品や活動は、表現した人そのものの表れであるとしている。学習指導要領解説では「作品や活動をつくりだすということは、かけがえのない自分を見いだしたりつくりだしたりすること」であると重要性を指摘している。これまでの題材主義と呼ばれるような、まず題材があるというものではなく、初めに育成する資質・能力があって題材があるという考え方である。

　「面白そうだから」「過去にも行った題材で参考作品もあるから」ではない。求められるのは、子どもが初めにあって、子どもの視点で考え、育成する資質・能力を踏まえた題材である。作品主義と呼ばれるような結果やでき栄えのみに偏る授業は、もちろん子どもから遠いところにある。

　その題材で育成する資質・能力を「各活動において指導する事項」（以下、〈指導事項〉）として、可視化・明確化を図ることになる。その上で、「材料の大きさや量はこれでいいか」「子どもの考える場面を、どのように保障するか」「子ども同士の自然発生的な対話や交流をどのように進めるか」「学習の振り返りの時間は、一斉に行う必要があるか」など、材料や時間等に配慮した学びを成立させる〈指導計画〉を考えることになる。

　学びとしての図画工作を考えるとき、教師の題材に対する意識の高さが、授業の質の改善につながることになる。教室の子どもたちが造形活動する姿を想像しながら、題材づく

りに取り組むことはいうまでもない。

②題材化の考え方

題材の基となる考え方は、先の『新しい学力観に立つ図画工作の学習指導の創造』に次のように記述されている。

題材とは「子供たちの学習活動やその指導の目標や内容、指導の計画、方法などが総合的に構成されたまとまり」5)である。子どもにとっては、目標や内容を具体化する学習活動であり、教師にとっては、学習指導を生み出すための「適切な学習の対象」(傍点筆者)であるとしている。

この対象の基になる題材の素材を選ぶこと、目標や内容、指導方法、指導計画、準備などを総合的に考えることを題材化としている。

平成29年告示の学習指導要領は、三つの柱を踏まえて目標と内容を整理している。つまり、資質・能力を〈指導事項〉で設定するとともに、学びの成立に向けた〈指導計画〉を総合的に考える題材づくりである。

7. 〈指導事項〉と〈指導計画〉による題材化

ここでは「授業改善」を目的とし、初めに自らの授業の自己反省を基に、どのようにして授業をつくるか、実際の授業の目標を設定する。学習指導要領の解説にある「各活動において指導する事項」のうち表1の「絵や立体、工作に表す活動」を例にして設定する。なお、鑑賞する活動を関連させて指導する場合は「鑑賞に関する指導事項」も併せて設定することになる。(表1・図2)

●**表1** 絵や立体、工作に表す活動

A表現(1) イ	絵や立体、工作に表す活動において育成する「思考力、判断力、表現力等」
(2) イ	絵や立体、工作に表す活動において育成する「技能」
〔共通事項〕(1) ア	「A表現」及び「B鑑賞」の指導を通して育成する「知識」
イ	「A表現」及び「B鑑賞」の指導を通して育成する「思考力、判断力、表現力等」

● 図2

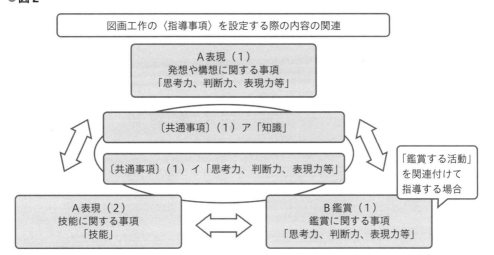

※図は中教審答申（平成28年12月21日）の「三つの柱」を参考に作成している。岡田京子『初等教育資料4 No966』東洋館出版、2018、33頁

8. 指導と評価

　前述〈指導事項〉の設定は、育成する資質・能力を基に掲げたものである。本来、学習指導案は、具体的な子どもの姿を想像し予測して、その対応など〈指導事項〉と〈指導計画〉を連動して考えるものである。そこでは具体的な指導場面を浮かべて〈指導計画〉を構築することになる。材料の種類や量、製作する時間、教室内の座席配置、材料や用具の場所と子どもの動線など、検討事項は多岐にわたる。また、子どもの実態把握、教師の立ち位置、子どものよさを記録する方法の確認など指導上の留意点なども考慮する必要がある。これらを経て、授業が実施されるのである。つまり、〈指導計画〉の根底には、表現の発達や実態の把握などの「子ども理解」がある。

　図画工作の指導と評価は常に一体である。子どもの行為の背景にある資質・能力の表れをよさや可能性として見取る教師のまなざしが重要である。

　作品は、全過程における感覚や行為によって表現された結果である。作品から読み取ることのできる評価は一部である。「評価」は、造形活動で表れる子どもの姿をよさや可能性として見取ることである。

　「いいこと考えた！」「これ見て！」「んー。どうしよう……」など、活動の過程に表れる子どもの姿を見取り、指導にどうつなげるかを教師は考える必要がある。そこで求められる教師の資質・能力は、子どもの思いを受け入れるという共感的な受容とともに、子どもを信じて支援するという人間的な態度が求められている。

*参考・引用図書

1) 文部科学省『小学校学習指導要領（平成29年告示）解説　図画工作編』日本文教出版、2018（平成30）
2) 3) 5) 文部省『小学校図画工作指導資料　新しい学力観に立つ図画工作の学習指導の創造』日本文教出版、1993（平成5）
4) 奈須正裕『「資質・能力」と学びのメカニズム』東洋館出版、2017（平成29）

---

column　「及び」と「，（カンマ）」

Q：学習指導要領にある「知識及び技能」の「及び」と、「思考力，判断力，表現力等」の「，（カンマ）」には、どのような違いがあるのか。

A：「知識及び技能」の「及び」は「と」「や」のように、二つのことを並置する「及び」である。切り離して取り扱うこともできる。図画工作でも「知識」と「技能」を分けて示している。「思考力，判断力，表現力等」の「，」は、中教審などの検討では、もともと「思考力・判断力・表現力等」と示し、意味を切り離さないで考える「・（中黒）」としていたが、学校教育法で「思考力，判断力，表現力その他の能力」と示しているのに合わせて「思考力，判断力，表現力等」としている。でも、意味合いは前回と変わらないので切り離さないで考える。通常「，」は切り離して考えるときに用いるが、この「思考力，判断力，表現力等」は「（鍵括弧）」で囲んで、学習指導要領上の一つの言葉として示しているので特別である。他に、図画工作・美術（中黒）とは書かない。また、「思考力，判断力，表現力等」の「表現力等」は図画工作では言語活動が当てはまるが切り離さず考えることが重要である。しかも、領域である「表現及び鑑賞」の「表現」とは別という整理である。図画工作の学習指導要領に記載されている「表現」には技能も含んでいるので、「思考力，判断力，表現力等」の「表現力等」に含まれるものではない。表現に必要な技能は「知識及び技能」の範疇にある。

学校教育法　第四章　小学校　第三十条　　　　　　　　　　　（平成19年改正）
2　前項の場合においては，生涯にわたり学習する基盤が培われるよう，基礎的な知識及び技能を習得させるとともに，これらを活用して課題を解決するために必要な思考力，判断力，表現力その他の能力をはぐくみ，主体的に学習に取り組む態度を養うことに，特に意を用いなければならない。

（阿部宏行）

第3章 美術科教育の歴史

1. 緒言

　図画工作科は、昭和22年の学校教育法施行規則で小学校及び中学校の教科として規定されて出現した。中学校の図画工作科は昭和33年の技術科新設に伴い、美術科と改称した。近代的な図画教育という意味では、図画教育は幕末の蕃書調所(ばんしょしらべしょ)での教育にまで遡れる。直接的な教科の起源は明治5年学制中の画学、明治19年設置の手工科である。両科は昭和16年に芸能科図画と芸能科工作となり、戦後の昭和22年に図画工作科に統合された。小学校と中学校とでは教科名が違うからといって、美術科教育史と図画工作科教育史に区別することは生産的ではない。それゆえ本章でも美術科教育の歴史とし、初等教育の美術教育を中心に扱う。

①日本における図画・工作教育の発生

　19世紀に西洋の諸学校で教えられていた素描（drawing）が日本に導入されて前述の画学・図画となった。西洋では工芸産業の振興発展のための教科であったのに対し、日本では英国等の西洋を参考にした近代化政策の一環であった。英国では政府の工芸振興政策に対応する図案的教科書を使用した。日本では英国の素人画家や婦女子を対象とした民間絵画手本から図を引用構成して図画教科書を編纂した。日本独自の選択といえる。

　一方、工作教育は西洋の諸学校に設置されていた教科Manual Trainingを「手工」と訳し、明治19年に高等小学校の加設科目及び尋常師範学校の必修科目として始まる。最初に各県師範学校から教員を1名ずつ集めて手工講習会を開き師範学校手工科教員を養成した。手工科も西洋の教科内容をそのまま導入するのではなく、関係者が日本に合った教科内容を構成した。手工科教育の目的は特定の職種を想定しない手指の巧緻化、労働愛好と自助の精神、審美心の涵養等であった。その後、実用品を製作して販売する学校が出現したりして、制度的・理論的に様々に揺れながら進んだ。

2. 図画工作科教育史の時代区分と概観

　図画教育内容で図画工作科教育史を大きく4区分し、さらに細区分する。手工科については、図画科との関連で触れる。

①明治期図画・手工科時代
　日本の図画教育が西洋画と日本画の対立を経て専門的図画とは違う教育的図画に統合された時期。まず、幕末・明治に西洋図画教育の移入とその日本化の時期「**鉛筆画時代（幕末～明治20）**」がある。次に、日本画（毛筆画）が普通教育図画に導入され、それ以前の西洋画的図画教育（鉛筆画）と並立した「**毛筆画時代（明治21～34）**」となる。西洋画に対する日本画では穏当ではないので、鉛筆画に対する毛筆画という名称が採用された。さらに明治30年代に一教科内に毛筆画と鉛筆画との並立は好ましくないので、両者を統合し、専門的図画に対する教育的図画を確立した時期「**教育的図画時代（明治35～大正6）**」が来る。小学校の教育的図画は明治43年の国定教科書『新定画帖』で実現した。

②大正・昭和戦前期図画手工時代
　図画の実用的教育から芸術表現的教育への世界史的転換が日本でも自由画運動としてあった後、自由画をいかに脱するか模索した時期。大正半ばに西洋画家の山本鼎（やまもとかなえ）が教育的図画に反対して自由画を提唱し、その影響が波及した「**自由画時代（大正7～15）**」となる。昭和になると自由画を克服しようと想画、日本画、構成教育などが提唱された「**脱自由画時代（昭和2～12年）**」となる。国定教科書『小学図画』も発行されたが、すぐに戦時体制下となり芸能科図画、芸能科工作が設置され、低学年の教科書『エノホン』で図画と工作が統合された「**戦時下芸能科図画・工作時代（昭和13～20）**」となる。

③戦後前期図画工作科時代
　図画科と工作科が統合されて日本の経済成長とともに実践された時期。第二次大戦後は、まず連合軍占領下でアメリカの生活主義的な美術教育が学習指導要領として示された「**占領下生活美術教育時代（昭和21～26）**」。日本の独立後に民間美術教育運動団体が抑圧解放・創造、社会認識、デザイン・造形の教育などを主張して運動を活発に展開した「**創造・認識・造形美術教育時代（昭和27～39）**」となる。民間美術教育運動も沈静化し、系統的学習指導要領が告示されて実践された「**系統的美術教育時代（昭和40～51）**」となる。

④戦後後期図画工作科時代
　日本が生産中心から消費中心の社会への変貌に対応する教育がなされた時期。昭和52年に学習指導要領に造形遊びが段階的に導入され、総合的・未分化な造形活動が提唱された「**感性的美術教育時代（昭和52～平成9）**」となる。

3. 明治期図画・手工科時代

①鉛筆画時代（幕末〜明治20）

　幕末の蕃書調所で西洋画の研究と教育がなされた。明治時代になると陸軍士官学校をはじめ多くの学校で図画が教えられた。西洋画塾や工部美術学校出身者が図画教員となり、図画教育を推進・研究した。図画教科書は西洋の図画手本や博物学書挿図を引用構成してつくられた。図画教科書の内容水準から鉛筆画時代をさらに以下の3段階に区分できる。

（1）　明治初年代：西洋図画教科書の直訳的引用をするだけで精一杯の段階。

　　川上冬崖編『西画指南』大学南校、明治4。東京開成学校『図法階梯』同校、明治5。山岡成章『小学画学書』文部省、明治6。

（2）　明治10年代前半：題材の網羅化と日本化、様式の博物画化の段階。

　　宮本三平『小学普通画学本』文部省、明治11、12。

（3）　明治10年代後半：図版を1枚の絵として表現する水準に上昇した段階。

　　浅井忠・高橋源吉『習画帖』天絵学舎、明治15。文部省『小学習画帖』明治18。

『小学画学書』明治5

宮本三平『小学普通画学本』明治12

浅井忠・高橋源吉『習画帖』明治15

　鉛筆画の題材体系は、幾何基礎の上に博物学的題材を載せて完成した。すなわち、直線、曲線、単形、紋画、器具、花葉、家屋、家具、草木、禽獣、虫魚、山水の順序で題材が並んだ。また、教育方法は臨画（手本の模写）であった。それによって美的理解と技能修得をする。模写は当時の西洋でも東洋でも共通した方法であった。基礎の段階で記憶画や聴画（口頭指示によって幾何形をかかせる）という方法もあったが、あまり定着しなかった。

②毛筆画時代（明治21〜34）

　明治10年頃から西洋化に対する反動が社会全体に起こる。その中で東京大学のお雇い外国人教師アメリカ人フェノロサとその教え子で文部官僚の岡倉覚三（天心）が新日本美術創成と普通教育への邦画（日本の絵画）導入運動を推進する。

　フェノロサは絵画の美を、観念の実現であり、題材内容、線・濃淡・色彩という形式的要素、そして構成力、技術力によって実現するとした。なお「濃淡」は西洋の陰影とは違

い、光の方向とは関係ない明暗の階調である。そして西洋画よりも日本絵画が優秀であることを主張した。ただ、狩野派は模倣を積み重ねて衰退したので、新たな日本絵画を創造することが必要であるとした。明治17年文部省に設置された図画調査会は、普通教育の図画に在来絵画を導入することの可否の諮問に対して、毛筆の美術画法が適切なこと、線・濃淡・色彩という系と抽象・古大家・天然という系を組み合わせた美術画法教授順序法を報告した。文部省は図画取調掛を設置しフェノロサや岡倉覚三等に普通教育図画の調査研究をさせたが、彼らはまず日本画家と毛筆画教員を養成する美術学校の設立の必要を認識する。明治20年10月に図画取調掛は東京美術学校となる。同校は毛筆画教員を輩出する。

　明治21年からは毛筆画教科書も発行され、明治30年代まで鉛筆画教科書と採用を競い合う。毛筆画教科書の採用が多かった。最初期の毛筆画教科書は、鉛筆画教科書と似た博物学的題材体系と写実的な様式で構成された。少し遅れて出現するフェノロサ理論に基づく毛筆画教科書は、対象の種類とは関係なく線・濃淡の順で題材が配列された。そして色彩も導入され始めた。

巨勢小石『小学毛筆画帖』巻5乙9、明治2　　　　川端玉章『帝国毛筆新画帖』後編第4巻、明治27

　明治30年代に毛筆画教科書は全盛となり、筆線の面白さを追求した教科書や没骨様式の教科書も出現し、白描と没骨＊どちらが容易か、適切かという論争もあった。毛筆画教育、さらには図画教育の意義について疑問も出されるようになった。

＊白描は輪郭線で描き、没骨はシルエットのように描く方法。

③教育的画時代（明治35～大正6）

　明治30年代に教育制度が整備され、国定教科書制度が発足した。図画教育でも明治35年に「普通教育ニ於ケル図画取調委員会」が文部省に設置され、専門教育とは区別された普通教育の図画を調査し、特に毛筆画が専門的として教育的意義を疑われたのを打開しようとした。明治37年8月の官報で公表された同報告書は、①普通教育の図画は毛筆画と鉛筆画を単に用具の違いと解釈し区別をしないこと、②普通教育専門の図画教員を養成する特別養成所設置の必要を提言した。この普通教育の図画は「教育的図画」と呼ばれた。

　中等学校図画教員の組織である図画教育会が明治37年12月に中等学校用の教育的図画

教科書を編纂発行した。すなわち、①鉛筆画、毛筆画、鉄筆（ペン）画の併存、②印刷写真を基に絵を描くという写生と臨画の中間教材の導入、③鑑賞教材の導入した画期的な教科書であった。小学校図画科用の国定図画教科書は毛筆画と鉛筆画とを一つの教科書に総合できずに『毛筆画手本』と『鉛筆画手本』が明治37年11月から翌年にかけて発行された。低学年用書では鉛毛どちらでも対応できる細線の図が採用された。

　明治39年に東京高等師範学校図画手工専修科、同40年に東京美術学校図画師範科が設置され、図画取調委員会報告中の特別養成所が実現した。その卒業生の多くは各府県師範学校教員として小学校教員養成に携わる。欧米図画教育調査留学から帰国した白浜徴（しらはまあきら）が東京美術学校図画師範科主任となった。

　国定図画教科書改訂作業が行われ、従来本を改訂した『毛筆画帖』『鉛筆画帖』の他に、白浜の留学成果を踏まえた『新定画帖』が明治43年に発行された。『新定画帖』の特徴は以下のようであった。①毛筆画と鉛筆画を併存させるとともに多種の教材と描材を導入。教材には、シルエット画、図案、色彩、「位置の取り方」（構図法）、透視図、投影図、描材には色鉛筆、色紙などが新たに登場。②多種の教材・描材を導入したせいか、全ての教材要旨は練習とされた。「教育的」とは、それ自体を目的とする「専門的」に対して、何かに役立つ練習であることであった。③教材配列に形式要素を基にした従来の論理的配列に加えて、低学年に児童が興味をもつ描写画を置く「心理的配列」を採用した。それは風景であった。『新定画帖』は画期的な教科書で使いこなすのは難しかったが、他の国定図画教科書を抑えて多数採用された。大正半ばまで図画教育界は『新定画帖』の使用法研究一色になった。

『尋常小学新定画帖』第1学年・教師用書・第1

同第5学年・男子用・第7

同第5学年・男子用・第10

4. 大正・昭和戦前期図画・手工科時代

①自由画時代（大正7〜15）

　個性や自由が謳われた大正半ばに、西洋画家山本鼎を中心とする自由画運動が起こった。山本はフランス留学の帰途に立ち寄ったロシアで児童自由画展と農民美術を見たとされる。帰国後、長野県神川小学校で行った講演「児童の絵画教育に就て」で、児童の絵画が学校

へ行くようになって面白くなくなるのは「臨本教育」（模写）のためである。『新定画帖』は児童の感覚印象を大事にせず、教育目的も曖昧である。何も教えないで、熱心さで評価したらどうか等と述べた。当時の常識を超えた講演に教員たちが賛同し、翌年4月に近隣の学校から作品を集めて児童自由画展を同校で開催した。集まった作品の大部分が模写であり、それらは落選させた。山本鼎が展覧会の様子を『読売新聞』で紹介し、全国的な反響を呼んだ。大正9年に東京日々新聞社主催の児童自由画展覧会、大阪朝日新聞社主催の世界児童自由画展等、大々的な展覧会が開かれた。また、自由画反対論者と山本との間で論争がなされた。大正10年に山本鼎を中心とする自由画運動は終了し、後は全国的にその余波が広がったといえる。

山本鼎『自由画教育』より　ともに尋常小学3年

山本鼎の美術教育論の重要な論点は、以下の三つである。①図画教育の基礎として芸術論の必要。図画教育は芸術教育であるから、その基礎として芸術論が論議されなければならない。②実相主義＊美術観の立場から、表現は対象と自己との間に仲介を置かない、直接的印象感覚の表現であるべきである。臨本や装飾的様式は直接的印象感覚ではない。③実習的内容よりも知識的・精神的美術教育が必要である。造形上の智恵や技能を統一する芸術観が涵養されなくては美術を生活に生かすことができない。年齢が進み描写が面倒になったら、この方面を授けるとよい。

　山本鼎の美術教育論に対しては、教育的図画の立場から図画は美術だけではないという反論、新図画教育会の造形主義的立場から図画教育は絵画だけではないという反論、専門美術家から既成美術の否定だけでは原始時代に戻るだけという反論があった。これらは山本鼎の言葉を誤解した面はあったが、明治時代より図画教育議論の水準が上昇している。

　また、この時期に鑑賞教育の研究が進み、特に原貫之助・堀孝雄『小学校に於ける絵画鑑賞教授の原理と実際』（大正8年）は、西洋の鑑賞教育研究を踏まえ、日本児童にあった作品と授業方法を提案した。手工科においては、成城小学校で美術としての手工が実践され、大正12年には石野隆、三森連象、松岡正雄らの創作手工協会が創作手工を提唱した。

＊山本鼎は自分の主張したリアリズム（写実主義）を実相主義と称した。

②脱自由画時代（昭和2～12）

　昭和時代になると自由画運動も沈静化し、自由画を克服する様々な図画教育が提案された。自由画を写生画として捉えて、それでは児童の精神世界を表現しきれないので生活を描く「想画」が提唱された。当時、文部省が提示した「思想画」も類似の概念であった。

西洋画的な自由画に対して日本画的図画や郷土化図画が提唱された。また現在を階級闘争の段階と捉えるプロレタリア図画、現在を機械時代と捉えるモダニズム図画も提唱された。

明治末発行の国定教科書『新定画帖』は徐々に使われなくなり、民間発行の私教科書である図画教育研究会『小学参考図画』(三省堂、昭和2年)、板倉賛治・山本鼎・後藤福次郎『少年少女自習画帖』(大日本雄弁会講談社、昭和5年)等が、国定図画教科書にはない明るさと児童の欲求に素直な題材を揃えて大量に発行され使われた。

それに対して文部省は昭和7年から同9年にかけて国定図画教科書『小学図画』を編纂発行した。児童の発達段階を考慮し、臨画の割合を少なくした。尋常4年まではクレヨン、尋常5年以上は水彩絵の具が指定された。

尋常小学用の教育目標は客観描写であり、民間の私教科書のような自由な表現はなかった。低学年用では子どもの水準を意識して大人がかいた参考図のため、拙さが目立った。その他の不備もあり、『小学図画』は発表後に多くの批判にさらされた。そのため昭和11年に尋常小学校第1学年用が全面的に改訂され、民間の私教科書が導入していた貼り絵や童画風の表現の題材が載った。明治以来、文部省が民間をリードしてきた図画教育は、初めて方針を改めて民間の研究成果に従うことになった。民間に優れた研究者が多数存在する状況になったのである。なお、高等小学校3年用『高等小学図画』には鑑賞作品が掲載されたが、発行数すなわち採用数は非常に少なかった。

文部省『尋常小学図画』第1学年・児童用・第14

文部省『尋常小学図画』第5学年・第2

1919年に創設されたドイツのバウハウス*は近代デザインを発生させ、素材体験と造形要素の構成練習を行う予備課程の教育は全世界に影響を与えた。水谷武彦、川喜多煉七郎、山脇巌たちがバウハウスの教育を日本に紹介した。特に川喜多は予備課程での教育方法を「構成教育」と命名して普及活動を行った。川喜多は武井勝雄と昭和9年に大著『構成教育大系』を出版した。しかし、バウハウスがナチスの弾圧によって閉鎖されたことから、構成教育への風当たりも強くなり、川喜多たちは昭和13年、学校美術協会で人間工学的な構作科の提唱へ転じた。

＊バウハウス (Bauhaus) は1919年ドイツのワイマールに設立された美術工芸学校。それまでの装飾を主とする工芸ではなく機能と素材と機械生産で発想する近代デザインを創始した。

③戦時下芸能科図画・工作時代（昭和13～20）

　昭和12年から始まった日中戦争の長期化を見据えて、戦時体制に対応する国民学校原案が昭和13年に示された。そこでは教科も整理され、図画と作業が芸能科という教科群に位置付けられた。手工を作業とする案には図画・手工関係者から猛烈な反対が起こった。

　学校美術協会は昭和15年に構作科の理念を具体化した私教科書『図画手工教本』を発行した。図画と手工の内容をバランスよく総合したこと、構成やデザイン教材が多数あること、戦時的題材があることなど後述の国定教科書の内容を先取りするものであった。書名も教科名改定を察知して年末に『図画工作教本』と変えた。昭和16年に尋常小学校、高等小学校は国民学校初等科、同高等科と改称した。芸能科作業は実現せず図画科と手工科が芸能科図画と芸能科工作となった。芸能科図画や同工作の教科目的は、国民的情操の醇化、創造力や鑑賞能力の養成がいわれ、戦時的色彩を除けば、戦後の教育理念と近い。

　昭和16年から新しい国定教科書が発行された。芸能科図画、同工作の低学年用は両科共通の『エノホン』となり、図画と工作の内容が併存した。中学年以上は『初等科図画』『初等科工作』『高等科図画』『高等科図画』と教科ごとに発行された。これらの教科書には、図画・工作内容の総合の他に、戦闘場面や兵器等の戦時的題材、構成教育・構作教育的題材、細密描写やクロッキーなど様々な描法の題材が導入された。ただ、それは私教科書『図画手工教本』が既に実現していた。また昭和16年に文部省は国宝級名作を揃えた大判（85×60cm）の「芸能科図画鑑賞指導用掛図」を発行した。鑑賞教育も定着した観がある。以上のように進んだ図画工作内容でも、悪化していく戦時体制下での実践は十分ではなかった。

文部省『エノホン』第2-14「ニフエイ」

文部省『初等科図画』第4-7「形」

5. 戦後前期図画工作科時代

①占領下生活美術教育時代（昭和21～26）

　昭和20年8月に日本は無条件降伏をして連合軍の占領下に置かれた。昭和27年の独立までは、学校教育政策は連合軍、具体的にはアメリカの意向が強く反映された。まず明治20年9月に学校教育が再開され、文部省は教科書や教材から軍国主義・極端な国家主義の部分を削除する命令を出した。これによって墨塗り教科書等が出現した。さらに同年中に神道に関わる要素、そして修身、日本歴史、地理の教育が禁止された。昭和21年には

第一次米国教育使節団が来日し日本の教育のあるべき姿を調査してGHQ＊最高司令官に提出した。それを受けて昭和22年3月に教育基本法、学校教育法が成立した。

＊GHQ (General Head Quarter) は、「総司令部」の意味。敗戦国日本を支配したアメリカ軍本部で、戦時体制から民主体制への様々な改革を強行した。

　昭和21年7月の文部省通牒で芸能科図画・同工作の教科書一切が使用禁止になり、同通牒別紙「図画工作指導上の注意」が唯一の規準となった。図画・工作教科書の使用禁止はGHQの教育担当部局CIE（中央情報教育局）の担当官の意向といわれる。当時ほとんどの教科で国定教科書編纂作業が進んでいたのに図画・工作科は、コースオブスタデー（後の学習指導要領）作成作業に切り替わった。

　昭和22年5月に学校教育法施行規則が公布され、新制小・中学校に図画工作科という新教科が規定された。戦前から図画手工一元化の運動はあったが、合併すると時間数が半減するおそれがあるので、この新教科及び二教科をつなげた教科名に反対の声が多かった。

　昭和22年5月に「学習指導要領図画工作編（試案）」が発行された。（試案）とあるのは、文部省が作成したのはあくまで見本であり、それを参考に各地方が独自の指導要領をつくるという考えからである。図画工作科の目標として観察・表現力、製作能力、鑑賞能力の養成が、内容として多種の活動が挙げられた。急いでつくったためか、未整理な印象が強い。

　昭和26年12月に改訂版『学習指導要領図画工作編（試案）』が発行された。そこでは造形品の判別・選択能力、配置配合の能力、造形的表現能力、作品の理解力・鑑賞力の養成がいわれ、さらに小学校においては「①個人完成への助けとして」「②社会人及び公民としての完成への助けとして」の二つにわけて造形能力を養うべき理由が示されている。特に②では家庭生活、学校生活、社会生活に役立てるために造形能力を養うとあり、生活主義的考えが目立つ。内容は描画、色彩、図案、工作、鑑賞という項目に整理された。

　他教科では昭和24年から検定教科書の準備が進んでいたが、図画工作科は教科書を一切使わないことになった。そのため以下のような民間の私教科書の発行が相次いだ。図画工作研究所『小学図画工作』昭和23、関東師範美術連盟『新図画工作』昭和23、児童美術研究会『小学図画工作』日本文教出版、昭和25、26である。これらは形式的に教科書ではないので、編集販売が自由にできた。

第3章　美術科教育の歴史

『学習指導要領（試案）』昭和22

『小学図画工作』日本文教出版、昭和26

同左

文部省は対抗するかのように昭和24年から『図画工作科学習資料』を発行した。これは各領域の大判掛図と解説冊子からなっていた。さらに昭和25年からは『図画工作科鑑賞資料　彫刻編』『同　絵画編』(第１集〜３集)『同　建築編』を発行し、学校へ配布した。これも大判の複製と解説冊子からなっていた。中学校図画工作科には昭和25年に検定制度が発足し、同27年から検定教科書使用に切り替わった。小学校は昭和28年発足、昭和30年度使用まで私教科書時代が続いた。また、戦災をほとんど受けなかった京都の美術教育界が戦後いち早く活発な活動をした。中でも岡田清の東西美術作品を比較鑑賞させる方法論は特筆されるであろう。

『図画工作科鑑賞資料』　　　同左解説表紙　　　　岡田清『美術鑑賞ノート』昭和27

②創造・認識・造形教育時代（昭和27〜39）

　昭和27年のサンフランシスコ平和条約発効によって日本は独立した。その頃から各種の民間美術教育団体が簇生し、活発な運動を展開する。まず、戦後美術教育に大きな影響を与えたのが、美術評論家の久保貞次郎を中心とする創造美育協会である。戦前に米国児童の自由な表現に感動し、児童画公開審査運動をしていた久保は、戦後もそれを開始し文章による啓蒙活動をした。フロイト系の理論を基礎に、久保は次のような創造主義美術教育の論理を展開した。子どもは本来創造力＝欲求をもっている。それは家庭・学校・社会によって抑圧されている。美術によってその抑圧から解放する。それによって創造力を高めることができると。そして従来よいとされた絵を抑圧された絵として徹底的に非難した。

　昭和27年５月に久保に賛同する人たちが創造美育協会を結成し、毎年ゼミナールと称する研究会を開き、多くの会員を集めた。昭和30年８月に湯田中で開かれた研究会には約1700名が参加した。今日、だれでも子どもの絵は励ますだけで技術的指導をすべきではないとよく言われるが、その原型は創造美育協会が普及させたといえる。

　創造美育協会と対照的に生活画を推進する団体も発足した。昭和25年に大田耕士を中心とする日本教育版画協会が結成された。児童の版画は生活綴り方の挿絵、文集表紙絵と

して戦前からつくられてきた。日本教育版画協会もそのような系譜にあり、生活現実の認識という観点で版画教育を実践した。

また昭和27年に結成された「新しい画の会」は最初創造美育協会的な考えをもっていた。しかし、昭和29年から30年にかけて井手則雄、箕田源二郎、上野省策たちが入会し、会の目標を社会的現実認識の教育のために生活画を育てていくとした。そこにはマルクス主義的な社会主義リアリズム論が基礎としてある。昭和34年に「新しい絵の会」という全国組織になり、教科性、民族性、生活画等について研究と実践を積み重ねた。

久保貞次郎『二千万人の不幸』創造美育協会福井県支部、昭和27

北川民次『十歳以降の美術教育』創造美育協会、昭和27

戦前のモダニズム美術教育や構成教育も戦後に継承された。昭和29年にバウハウス初代校長であったグロピウスが来日したのをきっかけに、造形・デザイン教育に関心をもつ人たちが研究組織結成を企て、昭和30年に造形教育センターとして出発した。中心は勝見勝、高橋正人らであった。この会は新しい大量生産社会に対応する造形・デザイン教育の推進を目的とした。ただ、教育の中のデザインをどう設定するか議論が続いた。子どものデザインを基礎造形・視覚伝達・機能造形とする提案、装飾性・伝達性・機能性とする提案、また純粋表現に対する適応表現と定義するといった模索が続いた。

中学校の図画工作科は昭和33年に生産技術的内容の技術科が新設されるのに伴い、美術科と改称して、芸術表現的内容に特化した。小学校の図画工作科は改称されなかったが、同年に創造主義的美術教育や造形・デザイン教育の運動の成果を取り入れた学習指導要領が告示され、美術教育としての性格を強めた。「彫塑をつくる」「デザインをする」等の新たな内容も入った。

---

column 民間教育運動団体と教職員組合

現在の若者が昭和30年代の民間教育団体や組合の元気さを想像するのは難しい。法的拘束力があるとされても学習指導要領に従う教員は批判され、教育課程は自主編成すべきといった主張がされていたと言えば、驚くであろう。戦前とは違う、新しい社会をつくるのだという希望が教員にあった。また、教員は大学ではなく現場が育てるのだという気概にも満ちていた。美術教育史は、このような気分も取り上げるべきであろう。

③系統的美術教育時代（昭和40〜51）

　昭和30年代の活発な民間教育運動も沈静化して、それぞれの課題を追求するようになった。昭和42年の教育課程審議会答申に関連して小学校の図画工作科を「造形科」「美術科」と改称する可能性をめぐって造形派と美術派の大きな抗争になった。結局は現状維持となったが、後々まで尾をひいた。昭和43年に学習指導要領が告示された。図画工作科の内容は絵画、彫塑、デザイン、工作、鑑賞の５領域に整然と配列された。教育としては内容が高度かつ豊富になったのであるが、図画工作科の歴史としては特記すべきことが少ない時代である。ただ「秩父版の会」の田島一彦が鑑賞教育において、そして実践齋藤喜博を中心とする教授学研究会の西岡陽子が絵画教育において優れた実践を残した。

6. 戦後後期図画工作科時代

①感性的美術教育時代（昭和52〜平成９）

　昭和50年代に入ると合理主義・機能主義が人々を捉えなくなった。日本の生産力は昭和30年代と40年代に飛躍的に拡大し、昭和50年代には量的生産より質的生産、さらには生産中心から消費中心の時代へと転換した。イメージの軽さ・面白さが求められるようになり、オーソドックスな機能主義のデザインが衰退した。また、生産の場面が日常生活から見えなくなり、生活画も実感が希薄になった。そのような中、昭和52年に新しい学習指導要領が告示された。図画工作の低学年に「造形的な遊び」が導入された。これは絵画や彫刻といった以前の未分化で、材料から発想への方向性をもつ活動であった。

辻田嘉邦・板良敷敏・岩﨑由紀夫『造形遊びのポイント』日本文教出版、昭和53

同左

日本児童美術研究会『図画工作5・6下』日本文教出版、平成13

　「造形的な遊び」は幼稚園と小学校教育の円滑な連絡と造形の基礎として素材体験といった意味で導入された。その原型も様々な形で実践されていて、特に大阪教育大学附属平野

小学校では、辻田嘉邦、板良敷敏、岩﨑由紀夫が現代美術の「1960年代もの派」の活動を教材化して実践していた。平成元年改訂の学習指導要領では「造形遊び」として中学年まで拡大された。

鑑賞教育の研究と実践は、多くはないものの明治後期から戦後まで一定の数が常にあった。しかし、昭和52年の学習指導要領で鑑賞は表現に付随する原則が規定されたため、独立した鑑賞授業はしないことになり、その鑑賞教育研究は10年間空白状態になる。

②表出主義図画工作科時代（平成10〜28）

平成10年改訂の学習指導要領は感性的を超えて表出主義というべき性格となる。例えば教科目標において、前学習指導要領において「基礎的な能力を育てるとともに」「喜びを味わわせ」という順序であったのを、「喜びを味わうようにするとともに」「基礎的な能力を育て」と入れ替えた。そして前学習指導要領では「内容A表現」にあった版画や焼き物は、「内容の取り扱い」中の「版にあらわす経験」「焼成する経験」という記述へと格下げになった。版画や焼き物は技術的な要素を含むので子どもの表出が発揮されにくいという理由といわれる。

それに対して「楽しい造形活動（造形遊び）」が小学校全学年に拡大し、教科内容の表現の基礎から明確な表現の柱・領域となった。しかも、造形遊びは物質・物体・空間を軸とする現代美術に基礎付けられるという説明ではなく、子どもの意欲のみに基礎付けられ、現代美術とは関係ないという公式説明がずっとなされている。この学習指導要領を表出主義とするゆえんである。児童の意欲は重要であるが、一般教員にとって説明が分かりにくいことは否めない。ここ30年間、現場教員のアンケート調査では造形遊びの実施率50パーセントという報告がいくつかある。そうでなくても図画工作科の教科内容は精選と領域の統合を進めて、輪郭が曖昧になっている。図画工作科研究の第一課題は、この分かりにくさの克服であろう。

前述の昭和52年改訂学習指導要領での表現に付随する原則のために10年間空白状態になった鑑賞教育は、平成元年の学習指導要領から改訂ごとに条件付き許容、そして積極的実施へと変化して隆盛へ向かう。対象としてぶれない作品がある鑑賞教育研究が進めやすい。「対話型鑑賞」は流行にもなった。ただ、学習内容が曖昧であると実践も曖昧になる。

ちょうど平成10年に学習指導要領が改訂される前後の平成9年5月から平成12年5月まで『美育文化』誌上でいわゆる「金子・柴田論争」があった。子どもの表出主義を公的な位置から推進拡張する立場とそれに懸念をもつ立場との論争であった。

7. 教員養成機関における美術教育研究

　戦前の硬直な師範学校教育に対する反省から、戦後の教員養成は大学で行い、かつ開放性を原則とした。教員養成大学・学部でも学芸大学、学芸学部という名称があったことから分かるように、戦後初期の大学では一般教養教育が重視された。教員養成でも一般教養の基礎の上に教科専門の力を付ければよいとされた。しかし、教職の専門性への認識が政策に現れ始める。昭和39年2月の省令によって教員養成大学・学部では教員の学科目制配置が始まる。美術の学科目に「美術科教育」があり、絵画や彫刻といった専門とは別に美術科教育を専門に研究する教員が制度化された。ただ、それまでの美術科教育研究の蓄積は微々たるものであり、暗中模索の中、美術科教育研究の専門性は曖昧な要求に止まるかに見えた。

　しかし、美術科教育研究の専門性への要求は、昭和40年代後半から平成年代まで続く教科教育専攻の大学院を教員養成大学・学部に設置する政策によって、明確かつ現実的なものになった。該当教員にそれは教科教育に関する論文業績の公的審査という形で要求された。そして美術科教育専攻の大学院が設置された後は、美術科教育研究を専門とする人材が常時養成されることになった。そのため、それまでの緩やかな美術教育の研究会や学会は、大学院設置後に明確な学術的研究の学会へと変質していくことにもなった。

　ただ、美術科教育研究専門とする人数は、昭和年代とは比較にならないほど増加したものの、いまだ美術科教育に関するかなりの部分を解明したとはいえない。しかも、近年の教員養成大学・学部の縮小・統合化政策によって教員数が激減したため、教員の専門性が分化できずにふたたび曖昧になっていく危険性は否めない。

＊参考文献

- 山形寛『日本美術教育史』黎明書房、1967（昭和42）
- 金子一夫『近代日本美術教育の研究　明治時代』中央公論美術出版、1992（平成4）
- 金子一夫『近代日本美術教育の研究　明治・大正時代』中央公論美術出版、1999（平成11）
- 美術科教育学会『美術科教育学会二〇年史』美術科教育学会、1999（平成11）
- 金子一夫『美術科教育の方法論と歴史〔新訂増補〕』中央公論美術出版、2003（平成15）
- 金子一夫『美術科教育の研究』私家版、2016（平成28）

（金子一夫）

第4章 子どもの成長・発達と表現活動

1. 子どもの成長と発達

　人間の発達を左右するのは遺伝か環境かという論争もあるが、潜在的な可能性（遺伝）の実現を支援するのが教育（環境）であり、両者の相互作用が、その発達を促す。

　「成長」は身長や体重のように目に見える特徴について、「発達」は知能などの目に見えない能力についていわれる。「発達」は英語の"development"の訳語で、その英語の語義は「包み込まれたものを開く（展開）」という意味である。その包み込まれた可能性が、花びらが開くように自然に開いていくのを支援するのが教育の役目といえよう。

　身長や体重などの成長変化は数字や右肩上がりのグラフでイメージしやすいが、人間の隠された可能性や能力は計測しにくい。成人期に至る「発達」の過程は、一般的には次のような段階で示される。ちなみに、「児童福祉法（第四条）」では、「児童とは満18歳に満たない者をいい」とされ、18歳までは全て「児童」とされる。

●表1　人間の発達過程（『現代教育方法事典』図書文化、2004を参照）

乳児期	生後1年半くらいまでで、成人の保護がないと生きることのできない「赤ちゃん」の時期
幼児期	小学校に上がる頃までで、人間としての基本的習慣や言語能力を身に付ける時期
児童期	およそ小学校の学齢期に重なり、仲間遊びや集団生活でのルールを身に付ける時期
思春期	第二次性徴が生じて身体の成熟と心の未熟さとがアンバランスで親に反抗する時期
青年期	心理的な離乳期で、自分を同一化するモデル（アイデンティティー）を求めて悩む時期

　「描画の発達」も、身体の成長やそれに伴う運動能力、認知や判断の能力、そして言語能力の発達と関連している。次に、ピアジェの認知能力の発達論を紹介しよう。

■認知能力の発達

　認知の発達については、スイスのピアジェ（1896-1980）の研究がよく知られている。現代の子どもに関しては妥当しない部分もあろうが、発達論の古典といえる。ピアジェは、認知応力の発達について、表2のように大きく四つの段階を想定している。（ピアジェ［滝沢武久訳］『発生的認識論』白水社、1972）

　ピアジェが、主体（個）が客体（外界の事物）と関わる中で、その関わり方の定型、つまり、「図式＝スキーマ」を試し応用しその有効性を再確認していく「同化」と、その図

式が新しい状況に合わないときに、その状況に合うように図式を修正していく「調整」という行為を想定しているところに注目したい。

●表2　ピアジェによる認知の発達段階

感覚的運動の段階 生後〜2歳頃	動き回る、触るなどの運動感覚を通して外界の事物を認知する。 自分が感覚していないとき事物は存在しないと思っている。
前操作的思考の段階 2歳〜7歳頃	自己中心的思考で他者の視点からものを見ることはできない。 実際に触知しなくても以前の体験から事物の認知ができる。 言語が使える→イメージや象徴を通しての認知ができる。
具体的操作の段階 7歳〜12歳頃	棒などを長い順に並べたりする論理的な操作ができる。 水は違う形の容器に入れ替えても量は変化しないことが分かる。
形式的操作の段階 12歳以上	言語や記号を使って論理的・抽象的な推論ができる。 A＝B、B＝C、だからA＝Cのような演繹的な推論ができる。

■「図式」—「同化」と「調整」

　図式とは、何かの行動する前の予備的なイメージといえる。例えば、ある人が車にガソリンを入れようとしてガソリンスタンドに入ったら、セルフサービス方式であった。その人は店員が給油してから代金を支払うという方式しか知らなかったので、戸惑いながらも、先に入金して自分で給油した。店員が給油してから代金を支払うという方式のスタンドだったなら、今までの方式＝図式に「同化」させるだけで済んだ。しかし、その図式が通用しないセルフサービスという新たな状況に合わせて、その図式を「調整」しなければならなかった。こうして調整された図式はより一般的に通用する形になっていく。

　ピアジェは、「同化」について「再生的同化」、「再認的同化」、「般化的同化」を挙げている。例えば、子どもが、つるされた対象をつかもうして、それに手が触れただけで失敗し、結果として、その対象が揺れ動いた。子どもは、その揺れ動きに、未知な光景として興味をもつ。その揺れをもう一度見たいと思い、同じ動作をもう一度行う（再生的同化）。この同化で、図式の最初の構造がつくられる。子どもは、別のぶらさがっている対象を見て、この同じ図式に、その対象を同化する。つまり、それに触って揺れ動くか確認（再認的同化）する。以後、この活動をその新しい場面でも繰り返し、その図式がその子どもの独自の行動パターンとして一般化される（般化的同化）。

　児童画に「図式＝スキーマ」という用語を初めて適用したのはジェームズ・サリー（1842-1923）というイギリスの心理学者であるが、このピアジェの「図式」をめぐる「同化」と「調整」は描画活動の「図式」にも当てはまる。

■児童画における「同化」と「調整」—「図式」の変化

　次頁の図は遠足に行って相撲をとった経験を基にかかれた小学校2年生・女児の絵であ

る。相撲をしている土俵の周りを子どもが取り囲んでいる様子が分かる。相撲を経験するまでこの女児の人間に関する「図式」は、③女の子（スカート）、④男の子（半ズボン）でいずれも腕を左右に垂らして黒豆のような靴をはいたものであった。ところが、⑤行司役をした経験から腕を肘で曲げている描写が表れ、さらに、土俵で相撲をとっている２人は、腕を曲げて相手に突き出している。その足もとを見ると黒豆の靴はなくなり、②とがった形と指のある形（はだし）になっていることが分かる。

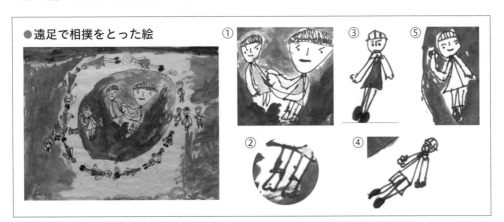

土俵の周りに多数の人物を繰り返すことで般化的同化を行っていると思われる。ただ、⑤行司となった経験が腕を曲げるよう修正を求め、図式が調整された。①の取り組みは、本来は横向きの人物像で表すべきであるが、この子どもにとって胴体から両腕が同じ方向に出ている人物（横顔・体側面）は、この段階での図式の調整レベルを超えているので、③の胴から左右に腕が出ている図式は変えず、腕を伸ばして向かい合う相手に届くように調整したと思われる。さらに、土俵ではだしになって地面にある砂や砂利などを踏んだりした触覚的な体感から足の指がかかれるようになった。身体感覚が図式を変えて調整していく例である。目鼻は同じような幾何学的な線と黒円で描写されているが、③や④と違って、向かい合って力を入れている表情（相貌的知覚、156頁参照）になっている。

このように、図式期の段階では、視覚的な経験よりも触覚や身体感覚で経験した新しい状況を表すために図式を調整していく例が多い。しかし、この絵でも見た経験から図式を変えていったと思われる調整もある。この遠足では、男女ともにショートパンツであった。③の女子の図式はそのままであるが、④男子の図式はスカートからショートパンツになっている。「女性＝スカート」という図式は変えられなかったが、ショートパンツの人物像を見た経験から図式は修正され、④男子像になったと推察できる。

子どもの描画は、子どもの触覚や視覚なども含むリアルな経験や実感から得たイメージを通して変化していく。経験やイメージは一人一人異なる。子どもの絵の変化の背後に何があるかを探りながら、その子どもの表現を見守っていく指導が求められる。

■子どもの鑑賞能力の発達

描画の発達研究に比べると鑑賞能力の発達に関する研究は少ないが、マイケル・パーソンズ（1935年、イギリス生まれ）の美的経験の認知論的な研究（パーソンズ［尾崎、加藤 訳］『絵画の見方』法政大学出版局、2015）がよく知られている。

パーソンズは、絵画作品を見せながら被験者にインタビューする方法で集めたデータから、各発達レベルに対応する五つの反応タイプを想定した（表3）。第5のタイプは1つの理想であって成人でも達成するのは難しいとされる。小学生段階では1〜3のタイプが多く、美術史の知識が必要な4以後は中学生以上に相当すると推察できる。

●表3　パーソンズによる5つの鑑賞タイプ

	トピック	美的体験（反応）の概要
1	特になし	作品を好きか嫌いかという情緒的な反応。
2	主題	「上手に描けているか」、「美しい人が美しく描かれているか」など、絵には主題があることに気付くが、それが写実的かきれいに描かれているかにとどまる。
3	内面の表出	「さみしそう」とか「楽しそう」など、何が描かれているかから、内面的な気持ちや感情が表出（express）されていることに気付き共感する。
4	様式と形式	作品の文化的な背景となる伝統的な様式（スタイル）や形式をなど美術の世界の約束事を踏まえているかなど、造形的な原理の普遍性に注目する。
5	判断・評価	他人の意見に囚われず自分自身で作品について価値判断を行うが、その判断が美などの普遍的な価値と結び付き広く共有されることが最終的な段階となる。

鑑賞活動としての「教育的美術批評」を提案するアメリカのトム・アンダーソン（1949〜）は、批評の過程として五つの活動を挙げている。（*Art Education*, 44(1), 1991）

●表4　アンダーソンによる美術批評の5つの活動

1	情緒	ぱっと見て「すごい！」とか「かわいい」などの主観的・情緒的な反応。
2	記述	人や動物など何が描かれているか、どんな形や色、線などがあるかの確認。
3	分析	色や形などの組み合わせや構成による遠近感や落ち着いた感じなどの効果の分析。
4	解釈	表された対象の象徴や主題の意味などの作品データも参考にした解釈。
5	評価	作品が自分にとってもつ価値の判断とその評価基準（写実的とか）の検証。

最初は描画と同じく情緒的・主観的な反応から、何が描かれているかを自分の既存の経験的知識で同定し、色や形など、それらの組合せの効果（150頁、ゴッホの作品分析参照）を心理的に実感し造形的に分析する。そして、十字架がキリストの象徴であるような象徴解釈やピカソ作『ゲルニカ』の主題が戦争への怒りであるような主題の解釈へと進み、最

後にその作品が自分にとってどんな価値があるのかを自問自答するという流れで、パーソンズとアンダーソンの主張は同じ傾向といえる。ただ、鑑賞の能力は、生活環境、文化的背景などによって左右されるので、その個人差は描画表現以上に大きいといえる。

2. 描画の発達について

子どもがかく絵から私たちはどのようなメッセージを受け取ることができるだろうか。
言葉を十分に使いこなすことができない幼児も、身近にかく道具があると紙に線や点をかき始める。それは初め、意味のない線のように見えるが徐々に何かしらの形を伴うようになる。その変化は子どもの心身の発達段階と関連している。描画の発達を単に「子どもが大人になるに従って、だんだん絵がかけるようになる」と捉えるのではなく、それぞれの発達段階で子どもが表現を発見、獲得し、個性豊かに表していく活動なのだと理解したい。そしてその表現から子どもが発するメッセージを的確に受け取り、子どもが潜在的にもつ内発的な能力を引き出す教育に結び付けることが大切である。

右の絵（図1-1）は3歳児がかいたものである。B5サイズほどの紙に青いサインペンでかかれている。一見するとただのらくがきのように見えるが、実は一つの体験から生まれている。この絵をかいた前日に、水族館で初めて泳ぐ魚を見た。入り口にあったイワシの群れが泳ぐ水槽に顔を近付け、じっと見ていたという。翌日、青いサインペンを手に取りこの絵をかいた。母親が何をかいたか聞くと「お魚」と答えたそうである。かかれているのは勢いよく泳ぐ1匹のイワシかもしれないし、数百匹もの群れの様子かもしれない。子どもはこの絵を通して、泳ぐ魚を見た驚きや喜びを語りかけている。3歳児が水族館での感動を言葉で伝えることは難しいが、それを絵に表すことでその日の体験やそこから生まれた豊かな感情を伝えている。

図1-1

子どもの発達は、運動機能、認知機能、感情の機能などが相互に関連している。そして絵をかくことを含む子どもの造形表現もこれらに深く関連している。

描画の発達段階については、ローウェンフェルド（Viktor Lowenfeld, 1903〜1960）やローダ・ケロッグ（Rhoda Kellogg, 1898〜1987）によるものなど諸説があるが、ここでは本テキストの編著者である藤江充による三つの段階説（前・図式期、図式期、脱・図式期）を基に子どもの成長と描画表現の発達との関わりについて考えていきたい。

発達段階を理解することで、教師としての拠りどころをもち、個々の子どもに対する適切な指導のための礎を築きたい。そのためには、子どもの発達を固定的に捉えることがないようにし、表現の違いを肯定しながら一人一人の資質や能力を発揮できるよう心掛けたい。

■前・図式期（1歳〜3歳頃）
○なぐりがき（スクリブル）

　子どもは1歳頃から描画を始めるとされている。紙に線や点をかくためにはクレヨンやペンなどをつかみ、動かすための運動機能の発達とそれを見て確認する目の発達が必要になる。身の回りにある様々なものに触れる中でクレヨンを見付け、握り、振り回したりするうちに、クレヨンの先がそこにあった紙に当たり、たまたま痕跡が残る。子どもはその線を見付け、喜び、さらに手を動かすことで自らの動きの痕跡が紙の上に重なっていく。意識的に線をかくというよりも運動が形になることを楽しんでいるようである。1歳から2歳前後の幼児に見られるこの描画は、一般に「なぐりがき（スクリブル）」と呼ばれ、いくつかの段階があり、以下のような特徴がある。また引かれる線の特徴は肘と肩の運動機能の発達と深く関わっており、その描画の特徴として、前段階の描画をやめてしまうことはなく、一度獲得した描画は新たな描画と並行して表れることがあげられる。

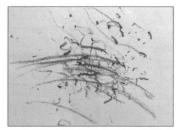
図2-1

【振幅】（図2-1）肘を支点に腕の左右の動きの繰り返しとして表れる、弧をかくような横方向の線。

【叩き付け】（図2-1）肘を支点に上下に叩き付けることでかく点。

【縦線・迷走】（図2-2）肩の関節の動きも加わりながら上下運動の繰り返しとしてかく、縦方向の線や画面上を迷走する線。

図2-2

【多重円・渦巻き・螺旋】（図2-3）肩の関節を複雑に動かしながら円運動によってかく、多重円や渦巻き型、螺旋型。

【直線・ジグザグ】（図2-4）肩の関節をコントロールしながらかく、弧ではない直線や波型、ジグザグ線。

　そしてこれらの描線に沿って、あたかも紙の上を散策するように上下左右にクレヨンやペンを動かしていき、画面全体を線で覆うような描画をしていくこともある。

図2-3

　この時期の後半では、手の運動の結果として線が残っていくだけではない。子どもは自らかいた線を見て喜び、さらにかく、といったように手の運動とその軌跡を見る視覚が互いに響き合いながら、かくことを楽しんでいることに着目したい。

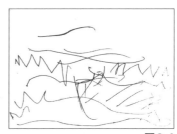
図2-4

○丸の発見

なぐりがきを繰り返すうち、紙の上を自由奔放に走っていた線があるとき一つの出発点から始まり、ぐるっと回って元の出発点に戻ってくる。それまで行き先を決めずに手を動かしていた幼児が、線の軌跡を目で追いながら慎重に手を動かし、元の位置にペン先を戻して閉じた円を完成させる。この描画は「丸の発見」（図2-5）と呼ばれ、子どもの描画が次の段階に進む出発点になる。

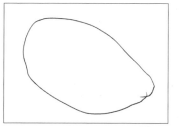
図2-5

閉じられた丸は子どもにとって、何かの存在の始まりとなる。丸は「ママ」にも、「猫」にも、「花」にもなる。丸の内側は「ママ」という中身の詰まった存在（「図」）であり、外側は背景となる空間（「地」）であるという認識が生まれる。「地と図」を認識することで紙の上の空間を分けている。丸はそれまでの線がもっていた手の運動の痕跡という意味を超え、イメージを表現するための原石となる。さらに丸に線が組み合わされることで（図2-6）のような「マンダラ」と呼ばれる形も表れる。マンダラはいくつかの形を組み合わせて複合形をつくっていく描画の発達の節目と見ることができる。鬼丸吉弘は

図2-6

図2-7

丸と直線について、丸を中身のびっしり詰まった実体、直線を行動や動作に関わる方向性を示す線だとして、頭足人に至るプロセスとして重要であることを詳しく説明している。丸が実体を伴った「もの」、直線が方向や動作を示す「こと（事柄）」を表していると見ることができるだろう。複数の図形を組み合わせるような描画は丸の中に目や口として小さな丸をかき、さらに丸から線を伸ばして手足をかくことに発展し、人物を表現するようになる。このような描画は「頭足人」（図2-7）と呼ばれ、さらに年齢が進むと様々な要素を付随しながら樹木や観覧車など人間以外のものへも分化していく。

ローダ・ケロッグは世界各地域の子どもの描画について調査し、環境や文化の違いを越えて、ほぼ同時期に頭足人がかかれる発達過程があるという。「頭足人」の登場が描画の発達段階において普遍的な現象であるといえる。また頭足人は胴体がかかれていないように大人には見えるが、先に述べたように丸が全てのものになりうるという認識からすると、丸の中に未分化の胴体が含まれていると考えることができる。子どもにとって、この絵はかきたい人物全体を表現したもので、この表現が不完全で「間違っている」わけではないことを心にとめておきたい。

■図式期（3歳〜9歳頃）
○個性の表現へ

　3歳から9歳くらいの時期に子どもの描画は「丸の発見」や「頭足人」などの段階を経て特定のものや形の描写へと変化していく。それらの形は、その子ども独自の記号や象徴として図式的にかかれることから「図式期」と呼ばれる。色彩もそれまでの主観的な選択から、木の葉は緑というように、概念的に対象に近付けようとする傾向が見られるようになる。ここでは描画の像の形（形態）・空間・色の観点からこの時期の特徴を見ていきたい。

【像の形】

　右の絵（図3-1）は花と擬人化したうさぎがかかれているが、花びらの表現方法にマンダラを残しながらこの子なりの捉え方が見られる。このように、その子独自のイメージを記号（象徴）として表したものを図式（スキーマ）といい、人や花、家など直接体験などを基に固有のイメージを線画で図式的にかくようになる。

図3-1

　また人の横顔をかく場合に顔の輪郭は横からかき、目は正面から見たようにかくような表現を観面混合と呼ぶ。複数の方向から見た形を合成したように見えるので多視点描法とも呼ばれるが、見たものを合成したのではなく、「顔」の図式をかいているのである。

　右の絵（図3-2）の木と雲には目や口がかかれている。このような人間以外のものに目や口をかいて擬人化する表現をアニミズム表現と呼ぶ。上の絵（図3-1）のうさぎも人間のような顔と体がかかれており同様の表現といえるかもしれない。また、自分が一番かきたいものや大

図3-2

切なものを大きくかいたり、強調してかいたりする表現を誇張表現と呼ぶ。

【空間】

　図式期には、それまでの思い付いたものを画面上に無意識にかいていく、ばらまき画の段階から、かこうとするものを整理し関連付けて並べる、カタログ画と呼ばれる表現が表れてくる。カタログ画では実際のものの大小関係などは反映されていない。また描画に時間の概念が加わり、異なる瞬間の場面を一つの画面に合わせてかくような異時同図表現も出現する。

図式期の空間表現の特徴の一つに、画面の下端に地面の表現として横方向に線をかいたり、色を塗ったりする「基底線」がある。空間を天地に分け、地面より上に対象物を描画していく。それまで画面全体に漂っていたものたちが重力に従って地面に着地したかのようである。右の絵（図3-3）は紅葉した木をかいているが、画用紙の下端に緑色のクレヨンで地面をかき、その上にどんぐりや花がかかれている。基底線は、自分が地面に支えられて立っているという身体感覚に由来し、画面の上下を決定し、かかれたもの同士の「支えるものと支えられるもの」との関係を表現している。地面や室内の床などとして表されることもある。

図3-3

　（図3-4）はテーブルの天板が真上からかかれ、テーブルの2本の脚と人物は外側に向かって広がるようにかかれている。三次元の立体空間を二次元平面に広げたようにかくため「展開図法」と呼ばれる。

　（図3-5）は本来見えないはずの中の様子が透けて見えるようにかかれているためレントゲン画や透明描法と呼ばれる。この絵では潜水艦の内側と外観を切り分けて、異なった視点からかいている。内部をかくときは潜水艦の輪郭が基底線となり、潜水艦をかくときは画面の下端や上端が基底線になっていると見ると、レントゲン画も観面混合の一つとして捉えることができる。芋掘りの場面で見えないはずの地中の芋をかき、アリの巣の地中の

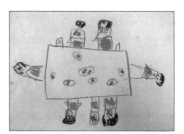

図3-4

図3-5

様子をかくといった場合も同様の表現である。この時期の子どもは絵をかくとき、目の前にある現実と知っている事実の間で気持ちが揺れ動いている。このような表現方法をとるのは、「見たもの」よりも「知っていること」を伝えたいという気持ちと、それを実現できる方法だからなのではないだろうか。展開図法やレントゲン画は三次元の空間を二次元の平面に表現するという子どもにとって難しい課題を解決する手段の一つといえる。これらは「知っていることをかく」ので「知的リアリズム」と呼ばれることもあるが、この「リアリズム」は、視覚で観察したものを再現しようとする写実主義（自然主義）ではなく子どもの実感で捉えられた「実在性（リアリティー）」の表現といえる。

【色】

　前・図式期では対象の固有色よりも、自分の好きな色や、かいているときの気持ちを優先して色を選ぶ傾向があるが、図式期は対象の色に似た色を使うようになってくる。

　右の絵（図3-6）の服は白いTシャツを着た父親をかいたものだが、紙が白いために白色のクレヨンではうまく表現できないことに気付き、初めにグレーのクレヨンでかいた上から白のクレヨンで色を重ねている。白いTシャツを着た姿をそのままに表現したいという子どもの気持ちが伝わってくる表現である。色について指導する場面では、木は茶色、葉っぱは緑といった概念的な色ではなく、自分が感じた色、対象を見てかきたいと思った色を使っていけるようにしていきたい。

図3-6

　また対象に固有の形や色の再現よりも、その変化やリズム感を楽しむ描画をすることもある。（図3-7）は中央の虹がカラフルな色で塗り分けられた面で分割され、下にある花もそれぞれ違った色で塗り分けられている。色違いの同じ形を繰り返すことで生まれる色のリズムを楽しんでいる表現であると見ることができる。

　（図3-8：口絵3頁）は用紙の下辺を基底線にして「お花のおうち」をかいている。かいていくうちに、どんどんイメージが広がり、周りの情景を思い浮かべながら夢中でかき進める様子が伝わってくる。花の周りに舞う蝶や鳥、花の根元にアリがいる様子などはこの子が実際に見た情景かもしれない。空想上のイメージを絵にしているが、そこには体験や感じたことも表現されている。この時期はかきながらイメージを発見し広げていく表現を認め、さらに意欲を高めていけるように子どもの言葉に傾聴し、その物語を楽しみながら活動を見守りたい。

図3-7

図3-8

■脱・図式期（9歳～）

　9歳頃になると社会に対する認識や客観的に考える力が高まり、写実性のある表現へのあこがれが芽生えてくる。初期は興味・関心のあるものに意識が集中するために特にかき

たいものを他に比べて大きくかいたり、詳細にかいたりすることもある。しかし図式期のように対象を図式的なイメージで描写するのではなく、部分の特徴や空間での位置関係を意識し、奥行きや遠近、陰影や明暗といった表現方法も試みるようになる。

　ここでは写実的表現へのあこがれが表れ始める時期と、情緒的な視点をもちながら写実的な表現方法をより確実に獲得していく時期に分けて考えていきたい。

○**写実的表現へのあこがれ**

　（図4-1）はスイカ割りの思い出をかいている。対象の前後が意識されていて、手前に配置された大きなスイカや後ろ向きで座っている人物など相対的な位置関係も表現している。体の正面で棒を構える腕の形や、周りにいる友だちの表情などが丁寧に表現され、声をかけ合って楽しんでいるその場の雰囲気が伝わってくる絵である。

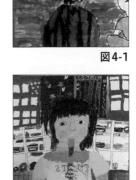

図4-1

　（図4-2）のリコーダーを吹く児童の絵は忠実に見たものをかこうとしている。リコーダーを持つ指の形や楽譜に目を落とす視線、息を吹き込む口元などが丁寧にかかれ、演奏している曲が聞こえてくるようだ。人物と背後の壁やロッカーとの距離も感じられる描写がされているが、床が真上から見たようにかかれていたり机やロッカーの形に傾きや歪みがあったりするのは、写実的な表現に取り組み始めた時期の空間表現における特徴といえる。

○**写実的表現の獲得**

　小学校高学年から中学生ぐらいになると情緒的に対象を見ることができるようになってくる。風景やもの、人物に自分の気持ちや考えを重ねあわせ、かくものを選んだり構成したりすることができるようになる。また対象や自分の心情に合わせて絵の具の色を混色できるようになり、豊かな色調を表現できるようになる。図式的、記号的な表現から離れ、線の美しさやタッチの違いといった、より繊細な描写についても理解できるようになり、自分の表現に取り込んでいく。

図4-2

　右の絵（図4-3：口絵3頁）は建築物の構造を捉えながら、混色による豊かな色彩を用いて寺社の様子を繊細に表現している。石段や垂木、手すりなどの細かい部分も色と形をよく見ながら根気強くかいており、場所のもつ雰囲気を感じて対象を選び、空気感や光の印象までも絵に表そうとしている様子が伝わってくる作品である。

図4-3

右の絵（図4-4）は学校の廊下をスケッチし、空想と現実の入り交じった世界を写実的な表現と遠近法を生かした巧みな構成で表現している。情緒的に空想を巡らし、自分の思い描いた世界を実現するために試行錯誤しながら構想を練っている姿が思い浮かぶ。また、蝶や樹木の大きさや配置など、細部と全体とのバランスも考えながら計

図4-4

画的に制作を進めた様子も伝わってくる。奥へと続く廊下を進む少女の姿が、不安な気持ちがありながらも自分の将来を見つめようとする思春期の多感な心情を感じさせる作品となっている。

　写実的表現にあこがれ、獲得していく時期には、それを実現するための技能不足を感じるなど、自分の表現に自信を失うこともある。そのため、試行錯誤しながらも思い描く表現に近付いていけるように、それぞれの資質や能力にあった指導を適切な時期に行うことが大切である。また写実的な表現だけではなく、他の表現によっても自分のイメージが実現できる可能性に気付き、より意欲的に取り組んでいけるような対応にも心掛けたい。

＊参考文献・引用文献

- ふじえみつる『子どもの絵の謎を解く』明治図書、2013（平成25）
- ローダ・ケロッグ（深田尚彦 訳）『児童画の発達過程』黎明書房、1971（昭和46）
- Ｖ．ローウェンフェルド（竹内清、堀内敏、武井勝雄 訳）『美術による人間形成』黎明書房、1963（昭和38）
- ハーバート・リード（宮脇理、岩崎清、直江俊雄 訳）『芸術による教育』フィルム・アート社、2001（平成13）
- 鬼丸吉弘『児童画のロゴス-身体性と視覚-』勁草書房、1981（昭和56）

＊図版引用

- （図2-6）、（図3-4）、（図3-7）は、ふじえみつる『子どもの絵の謎を解く』明治図書、2013（平成25）より引用した。

（藤江　充・槙野　匠）

第5章　図画工作科の授業づくりと学習指導案の書き方

第1節　授業づくり

1. 児童の実態の把握と魅力的な題材の選択

　研究会や研修会に出かければ、魅力的に映る作品に出会うことがある。その真の魅力を判断するためには、その題材で学ぶ児童の実態を把握することが大切になる。
　児童の実態とは、今までの生活や図画工作科の学習でどのような造形の経験をし、どのような資質・能力を育成してきたか、今はどのような対象や事象に関心をもっているかなどである。そうした児童の実態に応じた目標や内容によって構想された題材を実施することにより、児童の資質・能力が育成できると判断できれば、それが児童にとって本当に魅力的な題材といえるのである。

2. 目標及び評価規準の検討、設定

　活動の概要を決めたら、そこで育てたい資質・能力を明確にする。それが目標の設定となる。学習指導要領では、教科の目標が3つの柱で示されており、その目標を実現するために、児童の発達を考慮した学年の目標が低中高学年の2学年ごとでそれぞれ示されている。これらの目標を受けた内容はA表現、B鑑賞、〔共通事項〕で構成されており、それぞれに指導するべき事項が設定されている。

教科の目標・学年の目標	指導する事項		評価の観点
	表現する活動	鑑賞する活動	
（1）知識及び技能	A表現（2）ア／A表現（2）イ／〔共通事項〕（1）ア	〔共通事項〕（1）ア	知識・技能
（2）思考力、判断力、表現力等	A表現（1）ア／A表現（1）イ／〔共通事項〕（1）イ	B鑑賞（1）ア／〔共通事項〕（1）イ	思考・判断・表現
（3）学びに向かう力、人間性等			主体的に学習に取り組む態度

　目標の（3）については、教科及び学年の目標でまとめて示されている。これは、（3）が一つの授業や題材を通して育むものではなく、いくつかの題材などを通して（1）（2）と関連する中で育んでいくべきものであるためである。
　教師は上記を参考にしながら目標や評価規準を設定する。なお、評価規準は題材の目標

の実現状況を捉えることであり、目標と評価は一体的に考える必要がある。評価については第7章「図画工作科における評価」（130～137頁）を参照のこと。

3. 児童の活動の想定

目標を実現する学習の過程で児童がどのような意識をもち、どのような姿を見せるのかを想定する。その際にいくつか考慮すべき点がある。

①目標を実現する児童の思考あるいは表現の幅

学習指導要領解説には「作品や活動は，表現した人そのものの表れであり，作品や活動をつくりだすということは，かけがえのない自分を見いだしたりつくりだしたりすることだといえる」と示されている。児童が表現や鑑賞する姿や成果にはその子自身が表れ、学級全体では児童の数だけ幅を伴っている。

例えば、大まかなテーマ「まぼろしの花」から自分が表したいことを見付けて絵に表す活動では、想像した一つの花を中心に考える表現、形や色が違う花をいくつも想像して表す表現、花ではなく葉や茎の形や色を工夫する表現などが表れることを想定できる。

目標を実現する多様な姿を想定することが、児童一人一人のよさを認める指導につながる。

②児童の活動の進め方

表現の活動では、表したいことなどの目的をもって活動を進める児童もいれば、思い付いて活動し、できたことから新しい発想をして活動する児童もいる。活動を一つ一つ積み上げるように展開する児童もいれば、途中で立ち止まったり後戻りしたり、ときには方向転換する児童もいるだろう。こうした児童の活動の進め方を想定しておくことも重要である。

例えば、中学年の段ボール板を切ってつなぎながら造形遊びをする活動では、初めにつくりたい形を決め、その形になるよう活動する児童や、段ボール板を切ってつないでできることから思い付いてつくったり、途中で何度もつくりかえたりする児童が見られるだろう。

このように児童のそれぞれの特性を踏まえた進め方を想定しておくことで、児童の状況をおおらかに捉えることができ、評価や支援の時期を見通せるようになる。

③児童が活動過程で出会う抵抗や戸惑い

関連して、活動の過程で児童が出合う抵抗や戸惑いなどの内容も想定しておくことが必要である。図画工作科の学習経験だけではなく生活経験や環境の違いによって、発想や構想するときや実際に活動する際に、抵抗や戸惑いを感じる児童が必ずいる。特別な配慮が必要な児童については、その児童が感じる固有の困り感を想定しておかなくてはならない。

4. 指導の構想

　児童が主体的に学習活動を展開できるよう指導の見通しを立てておくことが必要である。教師が指導の手順を意識しすぎると、学習過程が細かな段階に区切られることになる。指導の構想は一般的に、導入、展開（大まかにその初めと進んだ段階）、まとめ、の三つの場面の流れで行い、教師はその流れをおおらかに支えることができるよう準備しておく。具体的な指導の観点の例を以下に示す。

①学習環境の工夫
　材料・用具を事前に準備しておく場所、活動中に自然に鑑賞し合うことが期待できる机の配置や材料コーナーの設置、活動中の移動のための動線の確保など。

②導入における提案及び言語活動の設定
　児童が題材の目標や活動の大まかな内容をつかむことができるよう言葉や提示する材料、資料等を活用した提案、個々の初発の発想をつなぎ、学級全体に広げることを意図した言語活動の設定など。

③学習に必要な知識の提供と習熟の場面の設定
　題材のテーマや活動に関わる知識、初めての材料や用具の使い方や技法などを確実に伝える場の設定と方法など。これらに時間をかけて習熟させる場合は、児童が関心をもって取り組めるよう工夫する。

④児童の情報源としての板書計画
　題材名や題材の目標、必要な知識や技法、児童の発想とその広がり、活動の方法などを板書に表す計画。児童の発想や表現の工夫のための情報源となるようにする。

⑤学習過程における評価と支援
　題材の設定の際に教師が設定した目標を、児童が実現しているかどうかを捉えるのが評価である。観点別に評価を実施する時期、状況を捉える評価の方法、評価の結果に応じた支援の方法は丁寧に検討、準備する。短時間の題材では全ての観点の評価をすることは難しいので重点を置く観点を検討する。特別な配慮が必要な児童については想定できる「困り感」に応じて、友だちによる協力も含めた支援や援助を具体化しておく。

⑥学習過程の交流や終了時の振り返りやまとめの構想
　活動の過程や終了時に行う相互鑑賞や振り返りの場を設定する。児童が学習活動を振り返る視点として題材の目標を児童の言葉に置き換えて提示し、振り返って感じたことや考えたことを話し合う言語活動を設定し、その時間を十分とるなど、児童が学習の主体として自らの成果を捉えることができるように工夫する。

第2節　学習指導案の作成にあたって

1. 学習指導案とは何か

　近年、どの学校でも校内研修の一環として研究授業や公開授業が盛んに行われている。授業を行う教員はときには個人で、ときにはチームで授業づくりに取り組み、その成果を学習指導案（以下、指導案）にまとめる。指導案には次の二つの機能がある。この機能は、教育実習で研究授業を行う教育実習生と指導教諭及び参観の学生にとっても同様に働く。

①授業を視覚化するために
　研究授業の準備では、取り組む題材の目標と内容、期待する学習活動と教師の指導を検討し、指導案の作成に入る。できた指導案を見直し、問題がなければ学習内容や指導が妥当だと判断する。指導案を作成することには、授業者が期待する児童の活動や児童への自身の関わり方などを文章や図などに視覚化し、客観視できるようにする機能がある。

②授業を共有するために
　研究授業の場では、教師であれ学生であれ参観者が授業の妥当性を評価する。そのため参観者は授業の目標がどのような指導により実現するのか、それは児童のどのような姿から判断できるのかを授業者と共有することが必要となる。ともに授業研究に取り組む同僚や授業の参観者にとって、指導案は授業者の意図や方法を共有する機能をもつ。

2. 指導案の項目と内容

　指導案に必要な項目は以下である。

```
教　科　名：図画工作科学習指導案（第□年図画工作科学習指導案と示す場合もある）
指　導　者：指導教諭名（印鑑を押す場合もある）
日　　　時：□年□月□日　□校時（または、□時□分〜□時□分）
学級・場所：□年□組　□人　於□年□組教室（特別教室や屋外の場合もある）
1. 題材名「□□□□」
2. 題材設定の理由（または、本題材について）
3. 本題材の目標と評価規準
4. 本題材の指導計画（内、本時は○時間目）※省略する場合もある
5. （本時の）目標及び展開
6. 準備物（材料・用具）
```

①題材名
　題材名は題材の目標や内容を言葉で端的に示すものである。授業で児童が初めに出会う情報であるため、題材名を工夫することが重要である。

②題材設定の理由（本題材について）

　題材を実施する妥当性を、児童、題材、指導それぞれの観点から記述する。児童観、題材観、指導観と項目に分けて記述すると整理しやすい。

●児童観（児童の実態や可能性）

　児童の実態を述べる項目。一般的には「本学級の児童は……」「この時期の児童は……」と書き出す。本題材を実施する対象の学級や児童の学習の履歴や、資質・能力が育つ可能性などを記述するため、「本学級の児童は素直で男女仲がよく……」といった一般的な実態の紹介は不要で、「しかし、……といったことに苦手な児童が多い」といった課題の強調も不適切である。

　学習指導要領解説の各学年の目標の冒頭にある「この時期の児童は……」の記述には、児童の造形表現の特徴やよさが示されており、児童の実態を捉える資料として有効である。

●題材観（題材の概要と育てたい資質・能力）

　本題材の概略、期待する造形表現と育てたい資質・能力を記述する。「本題材では……」という書き出しで始める。

　概略として、造形遊びをする活動では学習で出会う材料や場所を、絵や立体・工作に表す活動では扱うテーマや目的を、鑑賞する活動では扱う作品と鑑賞方法などを記述し、続けて資質・能力を働かせる児童の姿を記述する。最後に、どの児童にもともに育てたい資質・能力について、例えば「こうした活動（表現）を通して、……を発想し、構想する能力や……といった技能を育てたい」とまとめる。

●指導観（指導に関わる配慮事項）

　「指導にあたっては……」と書き出し、児童が題材の目標を主体的に実現できるように教師が行う指導や配慮の事項を記述する。実際の授業の場面を想定し、前述の「指導の構想」で準備したことから重点を置くべき点に絞って記述する。

　以下のようなものが主に考えられる。

・児童の実態などを考慮した導入時の提案の方法。
・発想や構想を促す言語活動の設定。
・材料や用具のコーナーの設置や、自ずと鑑賞の場面が生まれるような教室環境の工夫。
・児童が互いに交流し合うことを意図したグループ構成の方法。
・評価の対象や方法及び個別の支援の具体例。

　研究授業では指導の工夫が討議や評価のポイントになる。指導案で特に重点を置く指導を明確に示すことが、授業研究としての提案性を高めることになる。

③本題材の目標と評価規準

　授業づくりで設定した目標と評価規準を記述する。記述方法は主に二通りである。一つ

は、目標を本時で重点を置く観点を中心とした一文で示し、評価を「知識・技能」「思考・判断・表現」「主体的に学習に取り組む態度」の観点別に表記する方法。もう一つは、目標自体を評価の観点等及びその趣旨を参考に観点別で記述する方法である。この場合、目標と一体である評価規準の記述を省いても問題ではない。具体的な表記の仕方は本章末の指導案例で示す。

④本題材の指導計画（内、本時は○時間目）

学習過程を、第1次、第2次……と大まかに分けて示し、それぞれの時期のねらいや内容、予定する時間数を記述する。公開する授業を本時とし、「内、本時は○時間目」と示す。

なお、2～4時間程度で終わる短時間の題材、または、相当数の時間を計画する題材でも、授業者の意図によって指導計画を省略し、計画している全ての学習過程を示すこともある。

⑤本時の目標と展開

❶本時の目標

公開する授業で重点をおく目標に絞って具体的に記述する（指導案例Ⅰ）。目標を観点別に明示すれば評価規準を記述しない場合（指導案例Ⅱ）もある。

❷本時の展開

指導案によって様々な記述形式がある。基本的には児童の学習活動の流れとそれに応じた教師の指導上の留意点を時系列で表あるいは図に示す。

（ⅰ）学習活動の記述内容

本題材の目標の実現過程を、活動の場面と、個々の児童の活動の具体例を「であい」「ひろがり」「ふりかえり」、「導入」「展開」「まとめ」などの場面に分けて記述する。

「ひろがり」や「展開」では、活動を始めた場面から進んだ場面を流れで想定し、期待する児童の活動とその進め方や広がり、戸惑いに出合う姿などを示すと内容が具体的になる。

展開の記述方法には主に「すだれ型」と「フローチャート型」がある。

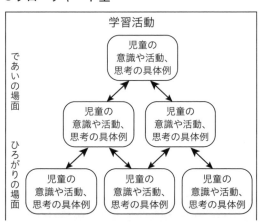

「すだれ型」が最も一般的である。活動内容や具体例が時系列で上下に列記され、流れは分かりやすいが、個々の意識や活動の流れ、抵抗や戸惑いに出合う児童の姿は示しにくく、授業がスムーズに流れる印象だけが強くなってしまう。場面を区切る罫線を点線で示したり、できるだけ少なくしたりして活動の流れに双方向性を示すよう工夫されている指導案も見られる。

フローチャート型のよさは、一つの学習場面で想定できる活動の幅を等価に受け止める教師の指導観や評価観、児童が行きつ戻りつしたり友だちと合流したりする活動の過程を、視覚的に示せることである。

どちらの形式で示すにせよ、児童が思いのままに活動できている姿も、活動しにくそうにしている姿も想定し、ともに受け止める教師の児童観や指導観が表れるよう心掛けたい。

(ⅱ) 指導上の留意点

個々の児童の資質・能力を育成するために行う指導事項を学習活動の展開に応じ、適切な時期を選んで記述する。

授業前に行う家庭への事前の連絡、導入の言葉や方法、学習を進める学級全体への指示内容、評価活動と評価結果に応じた個々の児童への支援等が主な内容である。

下図のように、展開全体の中で児童の学習活動と教師の指導が関連し合うことを意図し、個々を対象とする支援については、例えば「……な児童（児童の状況）が、……することができるように（指導の意図）……する（方法）」のように、指導の意図及び方法を具体的に記述する。

● 学習活動と指導上の留意点の関連

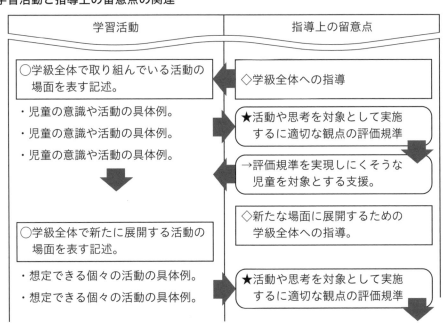

⑥準備物（材料・用具）

掲示物や視覚資料などの教具や学習活動で扱う材料・用具等の準備物を、教師と児童に分けて示す。一般的には、1行目に教師、2行目に児童の準備物を示す。

3. 学習指導案の実際

本章で述べた授業づくりの考え方を反映させた指導案を2例紹介する。誌面の都合上、題材設定の理由は省略する。

■指導案例Ⅰ
1　題材名「感じたことを」第5学年
2　本題材の目標
身近な場所に感じたことや想像したことなどから表したいことを見付け、その楽しさやよさを考えたり、材料や用具の扱い方を工夫したりして表す。
3　本題材の評価規準

知識・技能	思考・判断・表現	主体的に学習に取り組む態度
・普段の生活や身の回りを見つめ、そのときに感じたことを表すときの感覚や行為を通して、動きや奥行き、バランス、色の鮮やかさなどを理解している。 ・表現方法に応じて材料や用具を活用するとともに、水彩絵の具などの描画材についての経験や技能を総合的に生かしたり、表現に適した方法などを組み合わせたりするなどして、表したいことに合わせて表し方を工夫する。	（A表現）動きや奥行き、バランス、色の鮮やかさなどを基に、自分のイメージをもちながら、普段の生活で感じたこと、見たことから、表したいことを見付け、形や色、材料の特徴、構成の美しさなどの感じなどを考えながら、どのように主題を表すかについて考えている。 （B鑑賞）動きや奥行き、バランス、色の鮮やかさなどを基に、自分のイメージをもちながら、自分たちの作品の造形的なよさや美しさ、表現の意図や特徴、表し方の変化などについて、感じ取ったり考えたりし、自分の見方や感じ方を深めている。	つくりだす喜びを味わい、主体的に普段の生活や身の回りを見つめ、そのときに感じたことを表す学習活動に取り組もうとしている。

4　指導計画（全9時間　内、本時は5時間目）
第1次：目標を理解し、校内や校外の身近な場所から楽しさやよさを感じることや様子を見付けたり、表したいことを考えたりする。（2時間）
第2次：主題をどのように表すか考えたり、活動の手応えを感じ取ったりしながら、材料や用具の扱い方を工夫したり、表現方法を組み合わせたりしながら表す。（6時間）
第3次：作品を友だちと見合い、互いの表したかった「感じたこと」と表し方の工夫について話したり、話し合ったりする。（1時間）
5　本時の目標
今までの活動の手応えを感じ取り、どのように主題を表すか考えながら、絵の具用具やパス、コンテなど材料や用具の扱い方を工夫して表す。

6 本時の展開

	学習活動	指導上の留意点 (◇教師の働きかけ、★評価、→支援)
導入	○活動の途中で掲示している作品を見合い、参考にできることや本時の活動に生かしたいことを話し合う。 ・山の遠くと近くの感じを表すのに、緑色の鮮やかさに変化を付けて表している。 ・登り棒のペンキの色の古い感じはどうやって表すのかな。 ・まっすぐな廊下は奥に行く程狭くなって見えるんだね。	◇掲示板に貼った作品について、感じたり、考えたりしたことを思い思いに話す時間と場を設定する。 ◇児童の対話に入り、話す内容に共感するとともに、友だちへの助言を聞き取ったり、自分の表現にどう生かすか問いかけたりする。 ◇掲示板から作品を外した児童から、表現の活動に移るよう促す。
展開	○話し合った成果を考えながら、材料や用具の扱い方を工夫したり、表現方法を組み合わせたりしながら表す。 ・木の幹の力強さを表せるように、重々しく感じる色を厚めに塗ろう。 ・絵の具の上からパスで模様をかいたら水が流れている感じが表せた。 ・印象派の絵の本で知った、白い雲に黄色やピンク色を組み合わせてかくことを試してみる。 ・掲示板に貼り、少し離れて見てどんな感じに見えるか試してみよう。 ○時間の終わりに作品を掲示し、材料や用具を片付ける。	★形や色、材料の特徴、構成の美しさなどを考えながら、主題をどのように表すかについて考えている。(思) →構想が具体化しにくい子には「感じたこと」を聞き取り、材料や方法の相談に乗ったり、似たイメージを表している友だちの工夫を紹介したりする。 ★表したいイメージに合わせて表し方を工夫して表している。(技) →思いに合った表現方法が難しくて困っている児童には思いを聞き、似た主題や方法で表している友だちに話を聞くよう勧めたり一部を手伝ったりする。 ◇作品の掲示を手伝い、次回までに自分や友だちの作品を鑑賞するよう伝える。

7 材料・用具

教師：白画用紙（四つ切）、黄ボール紙、予備のパス及びコンテ、モダンテクニックなどの用具 など。

児童：絵の具セット、個人用のパスやコンテ など。

■指導案例Ⅱ

1 題材名「いろいろな 木ぎれから」第1学年

2 本題材の目標（評価の観点）　◎：重点を置く観点

(1) 知識及び技能（知識・技能）

・木切れを並べたり積んだりするときの感覚や行為を通して、いろいろな形や触った感じなどに気付いている。

・木切れに十分に慣れるとともに、並べたり積んだりするなど手や体全体の感覚などを働かせ、活動を工夫してつくっている。

(2) 思考力，判断力，表現力等（思考・判断・表現）

（A表現）いろいろな形や触った感じなどを基に、自分のイメージをもちながら、木切れの形などを基に造形的な活動を思い付き、感覚や気持ちを生かしながら、どのように活動するかについて考えている。

（B鑑賞）いろいろな形や触った感じなどを基に、自分のイメージをもちながら、木切れやつくったものなどの造形的な面白さや楽しさ、造形的な活動、つくり方などについて感じ取ったり考えたりし、自分の見方や感じ方を広げている。

(3) 学びに向かう力，人間性等（主体的に学習に取り組む態度）

・つくりだす喜びを味わい楽しくたくさんの木切れを基に、思い付いたことを試す学習活動に取り組もうとしている。

3　展開（全2時間）

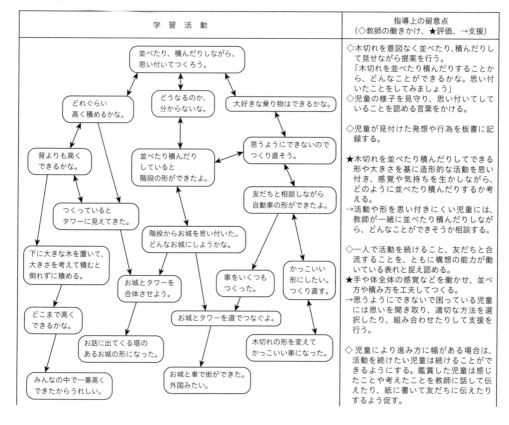

4　材料・用具

教師：いろいろな形や大きさの木切れ（児童が活動するのに十分な量を衣装ケースなどに分け、教室の数か所に置く）、活動を記録するカメラ。

児童：特になし。

---

column　研究課題

Q1．学習指導要領解説が示す「作品や活動をつくりだすということは、かけがえのない自分を見いだしたりつくりだしたりすること」を踏まえ、児童の学習活動を想定する際に必要なことは何か。
　　→目標を実現する姿を児童一人一人のよさが表れるよう幅広く想定すること。

Q2．図画工作の授業の学習環境の工夫にはどのようなことがあるか。
　　→材料・用具を事前に準備しておく場所、活動中に自然に鑑賞し合うことが期待できる机の配置や材料コーナーの設置、活動中の移動のための動線の確保など。

（西尾正寛）

第6章 子どもの姿と授業の実践例

　小学校の6年間は、人間の生涯において、身体的・精神的な発達がもっとも著しい時期といえる。幼児性の残る子どももいる低学年と、思春期に目覚める子どももいる高学年では、生活経験や表現・鑑賞の活動においても、変化している。同じ年齢でも、個人によって違いはあるが、低学年から高学年への発達の順序性は、次のようになろう。

〇低学年の子どもの姿
　この時期の子どもは、周りの対象や環境などに全身で関わり、対象と一体となって活動する傾向がある。表現においても、まず、手を動かしながらアイデアを思い付いたり、途中で変更したりしながら、進めていくことが多い。鑑賞でも、身近な造形物の形や色の面白さに注目したり、作品を見ていろいろな連想をしたり自分に引き付けて物語を考えたりする。

〇中学年の子どもの姿
　この時期の子どもは、ある程度、周りの対象を、距離をおいて見て、そこで気付いたことや考えたことを表現しようとする。絵画表現においても、より細部まで観察したり、三次元の体験を二次元平面に表す工夫をしたりする。鑑賞でも、造形的な表し方の違いに気付いたり、友だちの見方に共感したりすることもできるようになり、見方を広げていく。

〇高学年の子どもの姿
　この時期の子どもは、生活体験も広がり社会とのつながりも意識して、他者の気持ちを想像したり、直接に経験しないことを基に自分の見方や考え方を深めたりすることもできるようになる。見通しをもって伝えたいことを考えて表現することもできる。鑑賞でも、作者の心情や造形的な表し方の工夫などについても関心をもつようになる。

　本章のすぐれた実践事例をじっくりと読んで、教師が子どもにかける願いや子どもの活動する姿をイメージし、指導の工夫や評価の方法について学ぶことが大切である。表現領域の題材では、鑑賞活動を含む場合は評価規準「思考・判断・表現」に「B鑑賞」の項目を加えてもよい。

実践① 低学年1　造形遊びをする活動
どんどんならべて

1年／2時間

●本題材のねらい
（A表現（1）ア）身の回りにある、ものの形や色を見ながら、並べたいものを見付け、並べることを楽しむ。
（A表現（2）ア）材料の形や色も考え合わせ、材料の並べ方を工夫する。

●授業の概要
　低学年の児童は、身近にある様々な材料を並べたり、積んだり、見立てたりして表現していく。そこには、身近な材料の形や色から見付けたことや感じたことを基に、「いいこと思い付いた！」とつくりかえていく姿がある。本題材は、室内であればカラーペンや紙コップ、トレーなど、校舎の外であれば落ち葉や石、枝といった、様々な材料を並べていく造形遊びである。時間をかけて一つの表現に迫っていくのではなく、並べながら、また友だちの表現に触れながら、新しい並べ方を思い付き、どんどん並べ方を工夫していくのである。思い付いたことをすぐに表現し、そこからまた新しいことを思い付く姿、一人で表現に没頭する姿や、友だちと協働して表現する姿が見られる。

●準備
教師：カラーペンや紙コップ、トレーなど、活動場所で並べてもよい材料
児童：お道具箱や筆箱の中身など、各自持っているもので、並べてみたいもの

　本題材は、カラーペンや紙コップ、ストローなどの身近な材料を、思い付きながら並べていく題材であるため、児童一人一人が、思い付いたことを全身で表現することができるよう、広い場所を確保する。活動に夢中になりすぎて怪我をしないように、危険なものなどは取り除いておく。

　並べ方の発想が広がるよう、活動に使えそうな材料をあえて数か所に分けて配置し、児童が材料を取りに行く際に自然に鑑賞が生まれるようにする。材料の量についても、少なすぎて活動が停滞することや、多すぎて新たな発想が生まれないということがないよう、予備の材料を確保しつつ、提供するかどうかを活動の様子から判断する。

●学習のプロセス（全体の時間：であい→ひろがり→ふりかえり）

材料とのであい

「どのように並べようかな」

「ここにはどの材料を使おうかな」

「友だちはどう並べているのかな」

並べ方を工夫する①

「ここは、この材料で並べよう」

「ここは、こう並べるのがいい」

「思い付きながら並べていくよ」

並べ方を工夫する②

「こう並べたら面白いな」

「一緒にくっつけようよ」

「こう並べてみようか」

面白さを味わう

「ぼくの並べ方と少し違うなあ」

「ここは、わりばしを使ったよ」

「この並べ方面白いね」

● **学習プロセスの評価（資質や能力が発揮されている場面）**

目標	◎身の回りにある材料を並べながら、思い付いた活動を楽しむ。		

評価規準			
知識・技能	思考・判断・表現		主体的に学習に取り組む態度
・身の回りのいろいろな材料を並べたりつないだり、積んだりするときの感覚や行為を通して、いろいろな形や色、触った感じなどに気付いている。 ・身の回りのいろいろな材料に十分に慣れるとともに、並べたり、つないだり、積んだりするなど手や体全体の感覚などを働かせ、活動を工夫してつくっている。	（A表現）いろいろな形や色、触った感じなどを基に、自分のイメージをもちながら、身の回りのいろいろな材料の形や色などを基に造形的な活動を思い付き、感覚や気持ちを生かしながら、どのように活動するかについて考えている。 （B鑑賞）いろいろな形や色、触った感じなどを基に、自分のイメージをもちながら、身の回りのいろいろな材料やつくったものの造形的な面白さや楽しさ、造形的な活動、つくり方などについて、感じ取ったり考えたりし、自分の見方や感じ方を広げている。		つくりだす喜びを味わい、楽しく身の回りにある材料を並べながら、思い付いたことを試す学習活動に取り組もうとしている。

● **学習プロセスの評価のポイント（★指導上の留意点）**

○どんどん並べていきながら、材料の形や色、特徴から並べ方を工夫したり、並べ方に合わせて材料を選んだりしている。
★児童が並べ方を工夫したり、イメージに合わせて材料を選んだりできるように、動線や活動スペースを意識した場づくりを行う必要がある。

○並べ方を工夫する中で、新しい並べ方を思い付き、活動を広げている。
★並べることでできる形や色の繰り返しによるリズムや、大きさの変化による動きなどに気付くよう、声をかけたり、児童の発想が広がるように、材料の種類や量を適宜調整したりする。

○友だちの並べ方の面白さを感じ取っている。
★自然に友だちと協働して活動するようになったり、活動が大きくなり、合体するようになったりした場合は、認め、見守る。

○どんどん並べることの面白さや、楽しさを味わっている。
★しゃがんで児童の発想を聴き、児童が友だちの並べる様子を見られる場を設定したり、児童同士をつなげたりして、この題材ならではの楽しさを味わえるように支える。

●学習活動と指導上の留意点（教師の提案・学習活動・評価方法など）

時間	教師の提案	学習活動	指導・評価
10分 導入	・「どんどん並べていくと、どんなことができそうかな」児童が持参した材料も含め、集めた材料を並べると、どのようなことができそうかを提案する。	・持参した材料も含め、準備された材料を並べ始め、どのような活動ができそうか考える。	◇思考・判断・表現 ・材料をどんどん並べながら、やってみたいことを思い付いている様子から評価する。 ★友だちと譲り合って活動することや、協力して活動することなど、楽しく活動するための約束を確認する。
70分 展開	・「どんどん並べよう」活動を進めるうちに、自然に友だちと協力し合う様子が見られたら、認め、見守る。 ・「どのように並べたいかな」いろいろな並べ方をしている児童の活動を紹介したり、別の並べ方を提案したりする。	・材料と関わりながら、思い思いに並べていく。 ・どんどん並べる中で、並べ方や並べる場所を工夫したり、友だちとつなげたりして、思い付いたものを表す。	◇主体的に学習に取り組む態度 ・進んで、材料と関わろうとし、材料を並べようとする様子から評価する。 ◇知識・技能 ・材料の並べ方を工夫したり、並べる場所を工夫したりする様子から評価する。
10分 まとめ	・「どんな並べ方が、面白いかな」 ・片付け	・自分たちが並べてできたものを、離れて鑑賞する。 ・友だちの活動を見て、面白い並べ方や、気に入った並べ方を発表する。 ・後片付けをする。	◇思考・判断・表現 ・並べ方の楽しさや面白さを見て感じ取っている様子や、友だちに紹介している様子から評価する。 ★形や色の並べ方の工夫や、その面白さについて見てまわるよう促す。

■所感・実践の上でのアドバイスなど

　本題材は、材料の並べ方を工夫して、並べる活動そのものを楽しむ題材であるため、「ピラミッドをつくろう」「迷路みたいにしよう」といった提案はしない。児童が並べながら材料の形や色を捉え、自分なりの並べ方を見付け、表現するまで、ゆったりと待つことが大切である。活動中も、「何をつくっているのか」ではなく、「どこまで続くの」「どうなっていくの」など、並べ方について声をかけるようにすると、造形遊びならではの児童らしい姿が見られるだろう。
　場所の広さや、材料の数は、「自然な鑑賞」が生まれるように設定するとよいだろう。
　声かけや場の設定、教師の佇まいも、大事な支援の一つだと捉え、実践していきたい。

（服部真也）

実践② 低学年2　立体に表す活動
あるところにおうちがありました

2年／2〜4時間

●本題材のねらい
　自分らしい想像を膨らませ、思い付いたことを工夫して粘土で表す。ここでは、給食の牛乳パックを家に見立てることをきっかけに生まれる、そこに住む何か、玄関からどこかへ続く道、周りの様子など、それぞれの物語を、表し方を考えながら表す。

●授業の概要
　低学年にとって、油粘土は比較的使い慣れている材料であり、今まで自分の好きなものや動物などをつくってきた経験があるだろう。今回は教室で使っている個人の粘土板を一つの世界として想像し、「場」をイメージしてつくりだす活動となる。きっかけとして、いつも給食で飲んでいる牛乳の紙パックを家に見立てて少し装飾し、それを粘土板の上に置く。そこからそれぞれがイメージすることを話し合う。例えば、家に住む何か、庭にあったらいいもの、どんな場所に家があるかなどである。そうして個々に考えたことを粘土で表していく。

●準備
教師：牛乳パック、カラーペン、ビニルテープ、予備の粘土
児童：粘土、粘土板

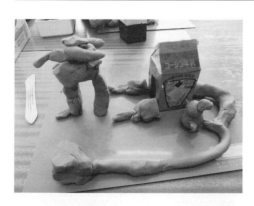

◎粘土について
　この時期の児童は、「この道を行くと、宝があってね……」などと、お話をするように、つくったりかいたりしながら想像を膨らませることが好きである。
　粘土は使い慣れた材料であり、自分の想像を形にしたり、偶然できた形から想像を膨らませたりすることに適した材料であると考えた。

◎テーマについて
　「家」は児童にとって、自分や家族が暮らす場所という身近なイメージの他に、「動物が暮らしていたら……」「こんなところに家が建っていたら……」など、様々に想像を膨らませることができる。家が粘土板の上に置かれることで、粘土板の上につくりたいイメージをもてるのではないかと考えた。粘土でつくる前に、どのようなものをつくりたいかを話し合って、つくりたい気持ちや個々のイメージを膨らませておきたい。

● 学習のプロセス（全体の時間：であい→ひろがり→ふりかえり）

家をつくる

「ビニルテープを細く切って貼ろう」

「カラーペンで色を付けよう」

だれが住んでいるかな、どこにある家かな。思い付いたものをつくる

「まずは、道をつくろう」

「畑のある庭に雪が降ってきたよ」

「木の上に立っている家だよ」

「えらい人が集まってくる家だよ」

友だちと見合う

何をつくりたいか話し合い、それぞれにつくり始める。初めからイメージがなくても、道を伸ばす、塀をつくるなどしているうちに、自分なりのイメージにつながっていく。

製作途中であっても、自然に友だちの作品や活動が目に入るよう、机の配置を工夫する。

「家のそばに水族館があるんだね」

●学習プロセスの評価（資質や能力が発揮されている場面）

目標　◎家のある場所から、粘土でつくりたいものをイメージし、楽しみながら工夫して表す。

評価規準		
知識・技能	思考・判断・表現	主体的に学習に取り組む態度
・牛乳パックの家を飾ったり周囲の様子を粘土で表したりするときの感覚や行為を通して、いろいろな形、触った感じなどに気付いている。 ・ペンやビニルテープ、粘土に十分に慣れるとともに、手や体全体の感触などを働かせ、表したいことを基に表し方を工夫して表している。	（A表現）いろいろな形などを基に、自分のイメージをもちながら、牛乳パックの家から感じたこと、想像したことから表したいことを見付け、思いに合う形を選んだり、いろいろな形を考えたりしながら、どのように表すかについて考えている。 （B鑑賞）いろいろな形などを基に、自分のイメージをもちながら、自分たちの作品の造形的な面白さや楽しさ、表したいこと、表し方などについて感じ取ったり考えたりし、自分の見方や感じ方を広げている。	つくりだす喜びを味わい、楽しく牛乳パックの家を飾ったり周囲の様子を粘土で表したりする学習活動に取り組もうとしている。

●学習プロセスの評価のポイント（★指導上の留意点）

「空にうかぶお日さまの家」

○空の上にある家をイメージし、家を粘土で浮かばせ、太陽をつくるなど発想を膨らませている。家の窓も、はさみで星形に切るなどして工夫している。
★初めから空のイメージがあったようで、家に星形の窓をつくることに時間をかけていた。つくる時間には余裕をもたせ、急かされることなく取り組めるようにしたい。

「大ナマズ出げん！」

○粘土板を水面に見立て、ナマズの口の中に家があるという発想でつくっている。水中に見えない体を想像し、しっぽが水面に出てきている様子など、ダイナミックな表現に驚かされる。
★粘土板の大きさや色によっても発想が変わる。今回は青色だったからか、海を想像する児童が何人かいた。木の粘土板にするなど他の手立ても考えられる。

「生きものの楽園の家だ！」

○水族館のある家と言いながらつくり始めた。それぞれの生き物の特徴に合わせて、手や粘土べらの使い方を工夫してつくっていた。
★つくりながら「これはイカでね……」と話しながらつくっていた。教師からも「ここには何が住んでいるの？」など声をかけることで、より思いを膨らませられるだろう。

「じんじゃ」

○自分が今まで行ったことのある場所としての記憶からか、神社をイメージして鳥居をつくっている。神社から道をつなぎ、人の表情も細やかにつくっている。
★この児童は自分で発想してつくっていたが、つくるものに迷っている児童には、「どんなところに自分の家があったらいい？」など自分らしい思いにつなげる投げかけをする。

●**学習活動と指導上の留意点（教師の提案・学習活動・評価方法など）**

時間	教師の提案	学習活動	指導・評価
45分 導入	・児童を集めて演示。教師がつくった、牛乳パックの家を粘土板に置き、「あるところにお家がありました……」と話し、粘土で続きをつくることを伝える。 ・手順を示す。 ・牛乳パックを自分なりの家に変身させることを提案する。	・今日の活動について知る。 ・牛乳パックにビニルテープを貼るなどし、自分の好きな感じの家をつくる。	◇主体的に学習に取り組む態度 ・教師の提案に興味を示しているか、表情や発言から判断する。 ◇思考・判断・表現 ・テープの色を選んだり、貼り方を考えたりしている。 ・家をつくりながら、だれの家かなど、イメージを膨らませているか、つぶやきなどから判断する。
45〜90分 展開	・「どんなものがつくりたいか話し合おう」 全体でイメージを膨らませるようにする。 ・「思い付いたものをつくってみよう」	・家に住んでいるもの、周りの様子など思い付くものを挙げる。 「犬がつくりたい」 「島の上に建ってる」 「家の前に公園がある」 ・家をどこに置くか考えながら、思い付いたものをつくる。	◇思考・判断・表現 ・思い付いたことを話しているか、発言やつぶやきで判断する。 ◇知識・技能 ・粘土の特徴を生かしてつくっている。 ・つくりたいものの表し方を、指やへらなどで工夫して表しているか。観察や声かけをして判断する。
15分 まとめ	・「自分や友だちの作品のよいところや面白いところを探してみよう」 ・片付け	・自分がつくった作品について紹介したり、友だちのつくった作品を見たりする。 ・感想を言い合う。	◇思考・判断・表現 ・自分や友だちの作品について積極的に話したり、ワークシートに書いたりしている。

■**所感・実践の上でのアドバイスなど**

　この題材は、初めから自分でつくりたいテーマが決まらない児童もいる。
　決まっていなくても、楽しく手を動かしながら発想を膨らませるためには、粘土で様々な経験を積み重ねていることも大切である。例えば、好きなものや動物など、テーマを基につくりだす活動や、細長いひもをつくってつなげる、球をつくって積み重ねてみるなど、動作から始まる活動などがある。
　今回のように、生き物や、その場所をつくるような、発想の幅の広い題材は特に、その題材を単発で捉えず、児童の実態や、今まで経験を踏まえて考えていきたい。

（中島綾子）

実践③ 低学年3　造形遊びをする活動
わりばし いっぱい

2年／1～2時間

●本題材のねらい
（A表現（1）ア）わりばしを使って自分がやりたいことやできそうなことを思い付いたり、どのように活動していくかを考えたりする。
（A表現（2）ア）わりばしの並べ方、つなぎ方、積み方を工夫して、いろいろな形をつくりだす。

●授業の概要
　本題材は、わりばし10,000膳を使って自由に並べたり、つないだり、積んだりする活動を楽しむものである。わりばしは安価で大量に入手しやすく、児童にとって扱いやすいサイズの材料である。また、木地のままのわりばしは、シンプルな棒状の形であり、様々な並べ方やつなぎ方、積み方にこだわってつくることができるので、低学年の児童にとって、積み木遊びのような感覚で楽しめる。
　わりばしを自分のつくりたい形に並べたり、長くつないだり、背の高さになるまで慎重に上へ上へと積み重ねたりと、様々な活動の広がりが期待できる。児童のつくりたい思いに寄り添いながら、教師は丁寧に活動を見取っていきたい。

●準備
教師：わりばし10,000膳
児童：わりばしを持ち運ぶための空き容器やケース（お道具箱のふたなど）

◎用意するわりばしにも工夫を
　わりばしは、児童が日常生活の中でよく目にする材料である。業務用の紙包みのないものであれば、インターネット等で1膳1円程度で購入可能である。（参考：35人学級で2時間の活動を行う際、10,000膳用意してちょうどよかった。）
　また、学校行事や子ども会などのイベントで出た廃材のわりばしを集め、洗って再利用することも可能だろう。ただし、わりばしを積む活動の際は、わりばしを割らないでそのままの形で使わなければきれいに積むことができないので注意したい。
　また、絵の具で着色をした色付きのわりばしを使えば、児童が色に対しても着目できるようになる。
　このように、教師の準備次第で、わりばしは材料として大変魅力的なものになる。

◎活動場所にも工夫を
　材料を並べたりつないだりするので、広い場所が望ましい。体育館や多目的ホールなど、児童が十分に活動できる場所を、各学校の状況に応じて確保したい。

●学習のプロセス（全体の時間：であい→ひろがり→ふりかえり）

わりばしとのであい

◎10,000膳のわりばしに大興奮！
「うわぁ、すごい量！」児童は大量のわりばしを見た途端に意欲をもつ。いくつかの山にしてあるわりばしを抱きかかえたり、両手で持てるだけ持ち、さっそく床に並べ始めたりする児童も。
「どんなことができそう？」という教師の問いかけに、児童は「線路のように長くつないでみたい」、「並べて家をつくりたい」と、思い思いにやりたいことを発言していった。

★指導のポイント
つくりながら児童が様々に自分のやりたいことを見付けだし活動していくので、導入で深く具体物をイメージさせすぎないようにする。

活動のひろがり

◎長くつないでいくと……
「体育館の入り口までつなぐんだ」と一生懸命わりばしをつなぎ、その上に垂直になるようにわりばしを置いて線路のような形をつくりだしている児童。ときどき場所を離れて見る行為も見られ、確実に長くなっている自分の線路に満足そうだった。

★指導のポイント
他の児童の活動の動線を邪魔しないように、周囲を見ながらお互いの活動を大事にし合うことにも配慮させていきたい。

◎個から集団への広がり
初めは個々で活動していたが、同じような活動を楽しんでいる友だちに気付くと、次第に「一緒にやろう」という声が出てきだした。友だちと一緒に活動すれば、より長く、より高く自分たちのつくりだしたいことが実現できる。「そっとね」と慎重にわりばしを積んでいく児童たち。うまくいくと喜びも倍増の様子だった。

ふりかえり

◎みんなで紹介し合おう
活動のまとめに、行ってきた活動を紹介し合う時間をとった。わりばしを並べて線状の家をつくったグループでは、「ここが玄関。これが私の部屋。○○さんの家まで、はしごで行けるよ」と歩いて指さしながら説明をした。実際に家へ入ってみせる児童もおり、ごっこ遊びや見立てを楽しみながら活動している様子が伝わった。

★指導のポイント
みんなで個々の活動を見てまわり、簡単な紹介や感想を交わすことで、互いのよさを見付けることができる。体育館であればステージの上から俯瞰するようにフロアの活動の様子を見合うことも、全体が見渡せ、効果的である。

●学習プロセスの評価（資質や能力が発揮されている場面）

目標　◎わりばしを並べたり、つないだり、積んだりしながら、工夫して活動する。

評価規準		
知識・技能	思考・判断・表現	主体的に学習に取り組む態度
・わりばしを並べたりつないだり積んだりするときの感覚や行為を通して、いろいろな形や色、触った感じなどに気付いている。 ・わりばしに十分に慣れるとともに、並べたり、つないだり、積んだりするなど手や体全体の感覚などを働かせ、活動を工夫してつくっている。	（A表現）いろいろな形や色、触った感じなどを基に、自分のイメージをもちながら、わりばしのいろいろな形や色などを基に造形的な活動を思い付き、感覚や気持ちを生かしながら、どのように活動するかについて考えている。 （B鑑賞）いろいろな形や色、触った感じなどを基に、自分のイメージをもちながら、わりばしやつくったものなどの造形的な面白さや楽しさ、造形的な活動、つくり方などについて、感じ取ったり考えたりし、自分の見方や感じ方を広げている。	つくりだす喜びを味わい、楽しくたくさんのわりばしを基に、思い付いたことを試す学習活動に取り組もうとしている。

●学習プロセスの評価のポイント（★指導上の留意点）

○初めはわりばしを他の児童と同じように、キャンプファイヤーの薪のように、四角形に積み重ねていくだけだった。しかし途中で、他の形もつくることができそうだと気付き、わりばしを六角形の形に組み直した。さらに、写真のように少しずつずらして重ねることで、上から見るときれいな形になることにも気付いている。積み重ね方を工夫した例である。

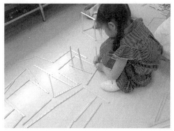

○写真の児童は、わりばしの棒状の形を変えようと、わりばしを割らずに幅を少し開き、別のわりばしに挟みこんだ。このようにわりばしをつなぐことで立たせることに成功していた。周囲の友だちも驚いていた。
★わりばしは、基本的に割らない形のままで使用することにより、子どもが材料の特性を見いだし、わりばしの扱いを工夫することができる。

○わりばしを並べて友だちと大きな船をつくった。低学年特有のごっこ遊びを行い、船室で寝転がって休むなど、友だちと一緒に活動することで、船のイメージが膨らんでいった。友だちと協力する喜びが生まれ、意欲的に活動したり、わりばしを並べることで船の形を豊かにイメージさせたりしながら活動できた例である。

○友だちと活動を見合う場面で、「みるみるめがね」を活用して友だちの工夫を積極的に見付けだし、全体に発表していた。自分の思い付きもしなかった並べ方の工夫や面白いイメージを見付けだせている例である。
★「みるみるめがね」とは、わりばしにドーナツ形の画用紙を貼り付けたもので、通年使える鑑賞アイテムとして各自に持たせているものである。

●学習活動と指導上の留意点（教師の提案・学習活動・評価方法など）

時間	教師の提案	学習活動	指導・評価
10分 導入	・大量のわりばしを用意しておき、十分に触れる時間を確保することで、「どんなことができそうか」「やってみたいことがあるか」とたずねる。	・大量のわりばしに触れ、どのようなことができそうか考えたり、実際に手に取って床に置いてみたりする。 「長くつないでみたい」 「高く積んでみたい」 「わりばしを並べて、絵をつくってみたい」	◇思考・判断・表現 ・わりばしをどんどん並べたりつないだりしながら、やってみたいことを思い付いている。 ★わりばしを山にしたり、複数の段ボール箱に入れて活動場所に設置したりし、児童の興味や関心を高める。 ★共感的につぶやきを取り上げ、児童の意欲を高めていく。
65分 展開	・児童の活動の様子を見守り、工夫している児童の活動を全体へ紹介したり、個々の活動状況を把握し児童の思いに寄り添いながら助言や称揚を行ったりする。	・わりばしを並べたり、つないだり、積んだりして思い思いに活動する。 ・わりばしを並べたりしてできる形の面白さに気付き、自分なりのイメージを広げながら活動する。 ・似たような活動をしている友だちと一緒に協力し、自分たちのやりたいことが実現するように工夫して活動する。	◇知識・技能 ・わりばしの並べ方やつなぎ方、積み方を工夫しながら、できる形を見付けている。 ★「面白いつなぎ方だね」などと、児童の活動内容を肯定的に受け止めて声をかける。 ★並べ方の工夫、気付いた形の捉え方にはどのようなことがあるか、といった観点で児童の活動を観察する。 ◇イメージ ・並べたりつないだり積んだりしてできた形から、自分のイメージを膨らませている。
15分 まとめ	・みんなで活動内容について紹介し合おうと提案する。 ・片付け	・本時で行った活動について学級全体で伝え合う。 ・気付いたことやよいところなど自由に感想を発表する。 ・後片付けを行う。	◇思考・判断・表現 ・わりばしを並べたりつないだり積んだりしてできた形の面白さを感じ取っている。 ★どのように並べたりつないだり積んだりしたのか、つくった児童にも鑑賞した児童にも思いを聞く。

■所感・実践の上でのアドバイスなど

・わりばしを大量に運ぶのは難しいことから、学級で使っているお道具箱のふたや浅いトレーなどにわりばしを入れ、活動場所まで持ち運ぶようにするとよい。
・「みんなで協力しているんだね」「〇〇さんと一緒にやったからこんなに長くつなげたんだね」などと、友だちとつくりあげることのよさに気付くことができるよう、教師が積極的に声をかけていきたい。また、困り感をもつ児童に、似た活動を行っている児童を紹介するなど、児童同士で問題解決を促す支援も教師が意識したい点である。
・活動中の様子をこまめにデジタルカメラ等で撮影して残しておき、振り返りの場面で、児童に見せて紹介し、自分たちが行ってきた活動のよさの意識付けに利用してもよい。

（高橋英理子）

実践④ 低学年4　造形遊びをする活動／鑑賞する活動
色とつながる、かんじる色かたち

2年／2～3時間

●**本題材のねらい**
　透明色紙に関心をもち、並べたり重ねたりしながらできた形や色の面白さやよさを見付け、思い付いたことを何度でも試し、新しい形や色をつくりだす活動を楽しむ。

●**授業の概要**
　この時期の児童は、全身でものと関わる活動を楽しみ、何度でも試し、つくりながら考える姿を見せる。本題材では、透明色紙からいろいろな形や色を見付ける活動を楽しむ。試すことで目の前につくられる形や色から、思い付いたことを何度でもつくりかえることができる。このような活動を通して、児童は工夫の楽しさを十分に味わい、見付けた形や色から自分の見方や感じ方を広げていく。指導にあたっては、児童の感覚や気持ちが生かされるように、できたよさをデジカメで撮影し、次の活動を促し、何度でも試すことができるように配慮する。活動後、透明色紙を丁寧に集めると再利用できる。

●**準備**
教師：透明色紙、デジタルカメラ、モニタ、ワークシート、白い板（机上）
児童：筆記用具

◎**表現と鑑賞が一体となる子どもの姿**
　透明色紙の特徴を理解し、重ねることで新しい形をつくることができる。色を選び組み合わせることで、新しい色が生まれることを感じ取っている姿だ。手元を見て、よさや面白さの感じを探り、どのように重ねるか考えている。一度置いた色紙を少しずつずらして見ている。少し離れて全体も見ている。鑑賞し、これはいい、もう少しずらしてみようと判断し、つくる活動を繰り返している。

◎**見ることから発見することを楽しむ**
　透明色紙を並べたり重ねたりすることで、色が変わって見えることに気付く。手に持った色紙を顔に当てて周りを見て、世界に色が付くことを楽しんでいる。さらに筒状にしてのぞいてみると、筒の中に不思議な色ができることに気付いた。「筒の前に色紙をかざして見ると、どのように見えるのか？」そんな発想を基に見方を楽しんでいる姿だ。

●学習のプロセス(全体の時間:であい→ひろがり→ふりかえり)

透明色紙はどんな紙?

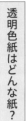

どんなことが、できるかな?

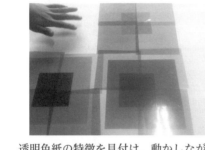

透明色紙の特徴を見付け、動かしながら色や形のよさを捉え、活動を楽しんでいる。自分の感覚を働かせ判断し、新たな活動へ挑戦していく。

こんなことできたよを楽しもう!

透明色紙は薄く、立てるには工夫が必要だ。「手で立ち上げのぞいてみたら」という発想からやってみると、静電気でトンネルができた。見ていた友だちは「そうか」と、折って立ててみた。活動は影響し合い、響き合い展開されていく。

こんなことできたよ!

「こんなことできたよ!すごい色見付けたよ!こんな形をつくったよ!」と、活動を振り返り、伝えたいことをワークシートに書き発表する。モニタでは撮影した画像をスライドショーで流しておく。

画像を見たり、友だちの発表を聞いたりしながら、「あっそうだ」と活動を思い出した児童は、書き足している。

第6章 子どもの姿と授業の実践例

●学習プロセスの評価（資質や能力が発揮されている場面）

目標	◎透明色紙を机の上に並べたり、重ねたり、組み合わせたりして、色や形の変化や、面白さや、よさを見付けながら、考えたことを試し活動を楽しむ。

評価規準		
知識・技能	思考・判断・表現	主体的に学習に取り組む態度
・色セロハンを使って、楽しい見え方を見付けるときの感覚や行為を通して、いろいろな色や形などに気付いている。 ・色セロハンに十分に慣れるとともに、重ねたり並べたりするなど手や体全体の感覚を働かせ、活動を工夫してつくっている。	（A表現）いろいろな色や形などを基に、自分のイメージをもちながら、色セロハンを重ねたり並べたりした色や形から造形的な活動を思い付き、感覚や気持ちを生かしながら、どのように活動するかについて考えている。 （B鑑賞）いろいろな色や形などを基に、自分のイメージをもちながら、色セロハンや色セロハンでできる形や色などの造形的な面白さや楽しさ、表したいこと、表し方について、感じ取ったり考えたりし、自分の見方や感じ方を広げている。	つくりだす喜びを味わい、楽しく透明な紙を使って、楽しい見え方を見付ける学習活動に取り組もうとしている。

●学習プロセスの評価のポイント（★指導上の留意点）

○15cm×15cmの色紙で色紙の特徴を探り、色と色を重ねると色が変わること、ずらして重ねることで新しい形ができることに気付く。
○大きさの異なる色紙の組合せ方によって、複雑に形が増えてくることを捉え、色を選び、どのように重ねるといい感じになるか、感性を働かせて考え、判断している。

○初めは一人で活動していても、だんだん友だちと一緒に活動を始め、手元を見ていた目が机全体に注がれるようになる。
○細い色紙をたくさんの色になるように重ねて活動していた友だちのよさを感じ、一緒に活動を始めた。話し合いながら見方や考え方を広げている。机全体が楽しい色合いになっている。

○何度も並べ替えながら児童は発見をし、そこからイメージし、新しい活動を始める。
○友だちと話し合いながら楽しい活動を思い付いている。透明色紙の大きさや色合いによるよさを感じ取りながら、意欲的に活動している。
★教師はデジカメで児童の目になったつもりで撮影する。

○色と色を組み合わせると新しい色になることが分かり、色を見るために積極的なアプローチを試みる。
○筒状にまるめた色紙をのぞいてみたら、内側に見える色の面白さに気付いた。手で持ってのぞいたり、机に置いてのぞいたりした活動から、前に色紙を立ててのぞく。光を透過させた色の感じを見付けていく。

●学習活動と指導上の留意点（教師の提案・学習活動・評価方法など）

時間	教師の提案	学習活動	指導・評価
20分 導入	・本題材の目標を提示し活動の見通しをもつ。「透明色紙を使って、新しい色や形を見付けよう」と提案する。 ・「この色紙を机に並べて色を見よう。どんな並べ方がいいかな？」	・グループに1セット（9色ぐらい）の透明色紙を机上に並べる。色の特徴を捉え、どのように並べるか考えている。 ・並べたり重ねたり、透明色紙を動かし、変化する色や形の面白さに気付いている。	◇主体的に学習に取り組む態度 ・自分の感覚や気持ちを生かし、形や色を感じ取り、楽しく活動している。 ◇知識・技能 ・友だちと話し合いながら透明色紙の特徴に気付き、形や色のよさを見付けている。
40〜70分 展開	・「これらの透明色紙を並べたり重ねたりして、いろいろなことができるね！色や形の面白さや楽しさを見付けよう！」と提案する。 ・大きさの異なる透明色紙や、色紙を配る。 ・透明色紙の面白さやよさを見付けることができたらデジカメで撮影することを伝える。	・導入で見付けた透明色紙の特徴からやってみたいことを何度でも試す。 ・発見した形や色のよさを味わいながら活動を展開させていく。デジカメで撮影し次の活動へ挑む。 ・友だちと話し合いながらやってみたいことを考え、いくつもの工夫をしている。 ・透明色紙を使った見方を広げ、見る位置や見るための方法を考えている。	◇思考・判断・表現 ・大きさの異なる色紙を組み合わせ並べたり、重ねたりして色や形の変化を楽しんでいる。 ◇知識・技能 ・透明感のある色紙から見付けたよさや面白さを生かし工夫し、活動している。
30〜45分 まとめ	・「今日の図工を振り返り、こんなことできたよ！見付けたことを紹介しよう」と提案する。ワークシートに記述して発表する。 ・大きさで分類して片付ける。	・活動から見付けた色や形のよさや面白さを記述する。 ・友だちと一緒に活動したよさや楽しさを話し合っている。 ・伝えたいことを発表する。 ・大きさごとに集めて入れ物に片付ける。	◇思考・判断・表現 ・活動を振り返り、見付けたよさや面白さを伝えている。 ・友だちの発表から形や色の面白さを感じ取っている。

第6章 子どもの姿と授業の実践例

■所感・実践の上でのアドバイスなど

　この時期の児童は、全身でものと関わる活動を楽しみ、何度でも試し考える姿を見せる。本題材の用具は自分の手のみである。重ねたり組み合わせたりすることで、変化する色に注目し、透明であるので、はさみを使わなくても重ね方の工夫で新たな形をつくりだす活動を何度でも味わってほしい。このとき、机の天板の色が透明色紙に影響するので、机上を白くすることが大切である。また、机に余白ができることで、形や色のよさや面白さがはっきりと見えてくるので、1グループの透明色紙の量は、平らに敷き詰めたときに机上の半分くらいの面積となることを目安にする。それ以上使いたい児童へは、選んで使うことができるように、切り落としたサイズのものを用意しておく。

（南　育子）

実践⑤ 中学年1　造形遊びをする活動
落ち葉をここに組み合わせて

4年／4時間

●本題材のねらい
（A表現(1)ア）集めた落ち葉で見慣れた校内の場所に働きかけ、落ち葉の形や色の面白さに気付きながら場所の様子を変化させたり、変化した様子を楽しんだりする。
（A表現(2)ア）選んだ落ち葉と場所を組み合わせ、場所を変化させること楽しみながら工夫してつくる。

●授業の概要
　秋になると、校内や学校近くの公園など、身近な場所にある木々が一斉に色付き始める。児童によっては、気に入った色の落ち葉を見付けては「これがきれい」「こっちもきれいだよ」と、友だちと一緒に集めたり見比べたりする場面も見られる。
　本題材は、そのような落ち葉をたくさん集めることから始まる。さらに、窓や壁、床など自分が選んだ場所の特徴から思い付いたことを試しながら、集めた落ち葉を、形や色などから工夫して使い、飾ることで、その場所の変化を楽しむ題材である。活動の終わりには様子が変化した場所をデジタルカメラで撮影しながら、活動の振り返りができるようにする。

●準備
教師：落ち葉、練り消しゴム（1グループ4人程度につき1個）、デジタルカメラ（グループに1台）
児童：お気に入りの落ち葉

　きれいな落ち葉に心がひかれる児童も多い。普段は何気なく見ていた児童も、教師からの提案で改めて見つめ直し、自然がつくる形の面白さや鮮やかな色、グラデーションの美しさに気付くことができる。見付けてきた落ち葉を光に透かして、その美しさを味わう児童もいた。

　児童が思いおもいに発想や構想を繰り返し、技能を働かせながら、つくったりつくりかえたりするためには、十分な量の材料が必要な題材である。また、貼り付けるためにセロハンテープや両面テープを使うよりも、練り消しゴムを使うことで、短時間にたくさんの落ち葉を貼り付けることができるだけでなく、つくりかえたり、後片付けをしたりするときにも有効である。

●学習のプロセス（全体の時間：であい→ひろがり→ふりかえり）

落ち葉と場所を選ぶ

「イチョウの葉っぱを使おう」

「階段の感じを変えよう」

組合せを考えてつくる

「こっちの光が入る窓だと、透けてきれいになるよ」

「階段の横に貼ってみよう」

「教室の窓に貼ると、部屋が明るくなった気がするよ」

「掲示板の横に貼ると、掲示物もきれいに見えるよ」

場所が変化した面白さを味わう

「色をそろえて円い形にした方が、面白いな」

「階段を上がってくるときにきれいだな」

●学習プロセスの評価（資質や能力が発揮されている場面）

目標　◎集めた落ち葉を使い、見慣れた校内の場所に働きかけ、場所の様子を変化させたり、変化した様子を楽しんだりする。

評価規準		
知識・技能	思考・判断・表現	主体的に学習に取り組む態度
・落ち葉を使って気に入った場所の感じを基に場所をつくりかえるときの感覚や行為を通して、形の感じ、色の感じ、それらの組合せによる感じなどが分かっている。 ・落ち葉を適切に扱うとともに、練り消しゴムについての経験を生かし、組み合わせたり、貼ったり、手や体全体を十分に働かせ、活動を工夫してつくっている。	（A表現）形の感じ、色の感じ、それらの組合せによる感じなどを基に、自分のイメージをもちながら、身近な場所などを基に造形的な活動を思い付き、新しい形や色などを思い付きながら、どのように活動するかについて考えている。 （B鑑賞）形の感じ、色の感じ、それらの組合せによる感じなどを基に、自分のイメージをもちながら、自分たちがつくりかえた場所の造形的なよさや面白さ、つくりたいこと、いろいろなつくり方などについて、感じ取ったり考えたりし、自分の見方や感じ方を広げている。	つくりだす喜びを味わい、進んで自分の選んだ場所の感じを基に、場所につくりかえる学習活動に取り組もうとしている。

●学習プロセスの評価のポイント（★指導上の留意点）

○階段の側面に落ち葉を貼ると、下から見上げたときに面白いことに気付き、同じ色の落ち葉を使うことでより美しくなるようにしていた。
○同じグループの違う児童は、手すりの部分にも落ち葉を貼るとより面白くなることに気付き、1枚おきに違う種類の落ち葉を使って飾ることで、形の特徴を捉えることができた。

○この児童は、同じ階段でも、光がよく当たる別の階段を選んだ。そして、落ち葉の形から「音符」と「音楽」のイメージをもちながら貼っていた。
★本題材では他のグループの児童がどのような活動をしているか見合うことがしにくいため、指導者はタイミングを考えて、お互いの様子を見る時間を設定したい。

○窓の向こうに見える葉が落ちた木に、葉がたくさん付いて見えるよう、ちょうど重なる場所に丸く落ち葉を貼ることを思い付いた。種類の違う落ち葉を使うことで、現実にはない想像の木にすることができた。
★窓を選ぶ児童は、窓の向こう側にあるものを変化させると面白いことに気付くことが多い。「思考力、判断力、表現力等」の視点から声かけをしたい。

○白い壁の光が当たるところだけに落ち葉を貼っていくことで、より落ち葉の色の美しさを生かそうとしている児童の姿である。
★本題材は、グループで活動することとしたが、グループ同士が一緒になったり、また分かれて自分の思いを大切にしたりするなどということも、柔軟に認めていきたい。

●学習活動と指導上の留意点（教師の提案・学習活動・評価方法など）

時間	教師の提案	学習活動	指導・評価
45分 導入	・きれいに感じた落ち葉について想起することを投げかけ、そのような落ち葉を使って、校内の場所の感じを変える活動を提案する。	・きれいに感じた落ち葉について思い出し、活動の概要を知る。 ・校内や学校のそばにある身近な場所でお気に入りの落ち葉を集める。 ・集めた落ち葉を種類や色ごとに分け、これらの落ち葉を使って変えてみたい場所を探す。	◇主体的に学習に取り組む態度 ・気に入った落ち葉を使って、場所の様子を変化させる活動への意欲を高め、形や色などに着目しながら落ち葉を集めている。 ◇思考・判断・表現 ・変えてみたい場所の明るさなどに気付き、してみたいことを思い付いている。
105分 展開	・集めた落ち葉と選んだ場所の形や色、様子など、組合せを考えながら、すてきな場所になるように声かけをする。	・落ち葉の形や色、場所の様子などの組合せを考えながら思い付いたことを試す。 ・活動の途中に友だちの活動の様子を見て、意見交流をする。 ・自分の思いを大切にしながら、さらに思い付いたことを試しつつ、つくりかえていく。	◇思考・判断・表現 ・場所の様子を変えるために、落ち葉を使ってどのようなことができるか考え、自分のしたいことを試している。 ・落ち葉の形や色などに着目して、場所の様子に合わせて工夫して使っている。 ・友だちと意見交流しながら、自分の思いを整理し、新しい活動を思い付いたり、深めたりしている。
30分 まとめ	・自分の活動を振り返り、きれいと感じる角度や距離から、デジタルカメラで撮影するよう提案する。 ・片付け	・自分たちの活動を振り返りながら、グループで角度や距離を考えて、きれいに見える写真を撮影する。 ・ワークシートに感じたことや新しく発見したことなどを記入する。	◇思考・判断・表現 ・自分や友だちの活動から、自分たちの活動によって変化した場所の面白さを味わい、形や色などの観点ごとに、自分の考えをもって振り返りができている。

■所感・実践の上でのアドバイスなど

　本題材では、変えてみたい場所として多くの児童が壁や窓ガラスを選ぶことを想定していたが、同じような場所でも、そばにあるものや光の当たり具合、静けさなどあらゆる要素に着目して選ぶ児童が多かった。活動が進むと、その場所を通りがかる他学年の児童の「わあ、すごい」「とってもきれい」といった声もたくさん聞かれ、児童の成就感にもつながっていた。
　振り返りのためのワークシートでは、「落ち葉」「場所」「アイデア」「その他」を「形」「色」「その他」の観点でそれぞれ記入できるように作成することで、児童自身や指導者がどのような面白さを見付け、活動を進めたのか分かりやすくなるようにした。

（宮川紀宏）

実践⑥ 中学年2　絵に表す活動
見て 見て おはなし 〜大きな木がほしい〜

3年／6時間

●本題材のねらい
（A表現（1）イ）想像することを楽しみながら絵に表すことで、さらに思いを広げて表す。
（A表現（2）イ）自分の思いにあった「大きな木」の表し方を工夫し、試行錯誤しながら表現を広げたり深めたりする。

●授業の概要
　児童にとって自分の「大きな木」とは夢の詰まった大きな宝箱と同じであると考える。本題材で使用する絵本『おおきな きが ほしい』は、主人公の少年が大きな木にあったらいいなと思うものを細部まで想像する様子を、楽しむ物語である。児童は絵本の朗読を聞いた後、全員で手をつないで大きな幹をつくり、「大きな木」を見上げる。体感することで登場人物になりきって、自分だったらどんな木にどんなふうに過ごしたいかと、想像を膨らませる。次に4枚の画用紙を木に見立てて自由につなげ、絵に表す。欲しい部屋や滑り台、神様と出会う展望台など、自由で大胆な発想を引きだすため、のびのびと床で活動させ、児童はさらに新しい見方や感じ方を見付けていく。最後に作品を交流し合い、自分や友だちの作品のよさに気付く。

●準備
教師：絵本のカラーコピー、八つ切りの画用紙（一人4枚）、画用紙を小さく切ったもの、養生、
　　　セロハンテープ、マジック、のりなど
児童：筆記用具、パス（クレヨン）、絵の具など

　『おはなし』を聞いてかく題材は、絵本の選定が重要である。①情景や人の動きを浮かべやすく視覚化しやすいもの、②児童の気持ちが躍動し、想像力をかきたてるもの、③『おはなし』の内容や記述が分かりやすく、登場する人物が少ないもの、④児童の発達段階に応じたもの、とした。本題材の絵本『おおきな きが ほしい』佐藤さとる・作／村上勉・絵（偕成社）は、全頁を縦につなぎ合わせると一本の「大きな木」になり、上記①〜④に特に適すると判断した。
　本題材では児童に最後まで主体的に活動させるため、かく用具を児童に複数選択させた。またかき直したい場合、小さく切った画用紙を上から貼ることができるようにした。そのことで思い通りにかけなかった箇所があっても意欲を継続しながら主体的かつ安心して活動に取り組めるようにした。

●学習のプロセス（全体の時間：であい→ひろがり→ふりかえり）

であい

『おはなし』を読み進めながら、絵本の絵（カラーコピー）を木が空に伸びていくように上につなげていく。次第に大きな木になっていく様子に児童は『おはなし』の世界に吸い込まれていく。

全員で手をつなぎ大きな木の幹の太さを体感した。見上げたとき、歓声があがった。

ひろがり

床で友だちと顔を突き合わせてかくことで、お互いのアイデアを自然に取り入れることができ、楽しく集中して活動できる。
T「どんどん伸びたらどうなるかな」
S「空まで届いて神様に会うよ」
T「ここはパスでかいたのね」
S「幹のざらざらを表したかったからです」

授業後半の振り返りで「自分だけの『大きな木』を想像してかくのはとても楽しかった。まだ続きをやりたい」と言う児童が複数人いた。

児童はつくり、つくりかえしながら活動を発展させていくため、児童が発想し技能を働かせていく過程を丁寧に見取り、励ましていく。

ふりかえり

中学年は、友だち同士で自分たちの作品を交流し合う様子が見られる。作品の鑑賞を通して、自分や友だちの作品のよさに気付くことができる。

活動中の休み時間などに作品を掲示しておくと自然と作品についての交流が生まれる。

●学習プロセスの評価（資質や能力が発揮されている場面）

目標　◎自分の「大きな木」を豊かに想像し、思いに合わせて形や色を見付けて表す。

評価規準		
知識・技能	思考・判断・表現	主体的に学習に取り組む態度
・詩やお話から想像を広げて絵に表すときの感覚や行為を通して、形の感じ、色の感じ、それらの組合せによる感じ、色の明るさなどが分かっている。 ・水彩絵の具を適切に扱うとともに、クレヨン・パス、ペンについての経験を生かし、手や体全体を十分に働かせ、表したいことに合わせて表し方を工夫して表している。	（A表現）形の感じ、色の感じ、それらの組合せによる感じ、色の明るさなどを基に、自分のイメージをもちながら、詩やお話を読んで感じたこと、想像したことから、表したいことを見付け、表したいことを考え、形や色、材料などを生かしながら、どのように表すかについて考えている。 （B鑑賞）形の感じ、色の感じ、それらの組合せによる感じ、色の明るさなどを基に、自分のイメージをもちながら、自分たちの作品の造形的なよさや面白さ、表したいこと、いろいろな表し方などについて、感じ取ったり考えたりし、自分の見方や感じ方を広げている。	つくりだす喜びを味わい、進んで詩やお話から想像を広げて絵に表す学習活動に取り組もうとしている。

●学習プロセスの評価のポイント（★指導上の留意点）

○『おはなし』から思いやイメージを膨らませ、絵に表す楽しさを味わっている。
○気付いたことや、何ができそうかを意欲的に話し合い、友だちと共有している。
★どのような意見も肯定的に受け止め、友だちの発言に共感したら作品に取り入れてよいことを伝える。

○想像したことを絵に表すために、ふさわしい形や色を選んだり画用紙の組合せ方を考えたりしている。
★主体的に活動し続けるよう、直したいところは小さな紙を上から貼ったり、細かい描写はパスやマジックを使用したりするなど個々に応じて支援する。

○表したい感じが出るように、絵の具やパスなどを使いながら工夫している。
★児童がつくり、つくりかえしながら活動を発展させていくよう、発想し技能を働かせていく過程を丁寧に見取り、表現を認め励ましていく。

○どのように思ったのかの根拠や理由を、形や色などを基に話したり書いたりしながら、よいところや工夫したところに気付く。
★児童が自然に交流できるよう、授業前後、休み時間に作品を掲示しておく。

●学習活動と指導上の留意点(教師の提案・学習活動・評価方法など)

時間	教師の提案	学習活動	指導・評価
45分 導入	・絵本の絵「大きな木」を話の内容に合わせてつなげながら読み聞かせする。 ・全員で手をつなぎ太い幹をイメージしながら自由に発想させる。	・絵本『おおきな きが ほしい』の朗読を聞いて、自分だったらどのような木がほしいか、何をして過ごしたいかなどを思い浮かべる。 ・思い浮かべたことを発表し合いイメージを深める。	◇主体的に学習に取り組む態度 ・自分の「大きな木」を想像することに興味を示しているか。(＊観察、対話)
180分 展開	・八つ切り画用紙を一人4枚用意する。木の形に合わせて、かきながら足してもいいし、初めからつなげてもよいことを伝える。	・自分の「大きな木」を豊かに想像してかく。(パス、マジックなど) ・自分の思いに合うように、絵の具やパスなどで表現する。周りの景色、空気などもかく。 ・のびのびと安心してかけるように、イメージが変わったときは部分的に小さく切った画用紙を貼って新たなイメージをかいてもよい。	◇思考・判断・表現 ・自分の表したいイメージが表現できる形や色を考えている。(＊観察、対話、作品、ワークシート) ◇知識・技能 ・思いに合った表現をするため紙の組合せ方、形や色の表し方を工夫しているか。(＊観察、対話、作品、ワークシート)
45分 まとめ	・友だち同士が思いを受け止め、創造したり表現する楽しさを味わったりするように働きかける。 ・片付け	・かいた絵を見合い、文章にしたりそれぞれの思いを伝え合ったりして、互いのよさを味わう。	◇思考・判断・表現 ・形や色に表されたよさを味わい、言葉や文章にして伝えようしているか。(＊観察、対話、作品、ワークシート)

■所感・実践の上でのアドバイスなど

　かき始める前にイメージする時間を十分にとることで、自分だけの「大きな木」を想像する楽しさをもたせる。また4枚の画用紙を自由に組み合わせたり、描画の材料を自分で選択したりすることで、児童自らやりたい、やりがいがありそうだ、などの意欲をもたせることが大切である。さらに安心しながら自分の力を精一杯発揮させるため、かき直したい箇所に小さく切った画用紙を貼って再度表現できる指導の工夫をした。しかしながら何度もかき直しをしたがる児童もいる。その場合は児童に共感し寄り添うように対話をしたり、作品から離れて客観的に鑑賞させたり、友だちから意見を伝えてもらったりすることで自分の表現のよさを再確認する機会を設定して自信をもたせるとよい。

(中森千穂)

実践⑦ 中学年3　工作に表す活動
ファンタジックカー
～夢やねがいをのせて、未来へ走らせよう～
3年／6時間

●本題材のねらい
○思った感じに合うように形や色を見付け、走るように工夫してつくる。
○ゴムの力で動く仕組みや動きを確かめながら、つくりたい車を考える。
○ゴムの力で走る車をつくることを楽しむ。

●授業の概要
　ゴムの力を使って、走らせて楽しむ車をつくる題材である。集めてきた材料を使って動く仕組みをつくり、動きからつくりたい車を考えていく。イメージしたことに合わせて、材料を選んだり、形や色を考えたりして、表し方を工夫する。また、思いに合った走りになるように、動きを確かめながら活動を進める。

●準備
教師：ハトメパンチ、カッターナイフ、接着剤、きり、スケール、竹ひご、テープ、ペットボトルのふた、箱、車輪として使えそうな丸いもの
児童：はさみ、のり、箱、車輪として使えそうな丸いもの、水彩絵の具

◎動くおもちゃの魅力
　教師が手を離した瞬間、車はゆっくり動きだす。まるでマジックでも見ているかのような子どもたちのまなざし。「どうやって動いたのだろう」「私もつくってみたいな」。実際に仕組みをつくって動かしてみると、思い通りに動く児童もいれば、思ってもない動きに出会う児童もいる。うまく動かない児童もいる。友だちの仕組みを見て改良する児童もいれば、思いがけない動きから新しい発想を生み出す児童もいる。動きからつくりたい車を考え、つくって走らせてを繰り返す。始まりから完成まで、子どもたちのワクワクは止まらない。

◎協働的な学習
　タブレット動画などを使うことで、仕組みのつくり方はある程度理解できる。しかし、切ったり接着したりするときの微妙な感覚は、教えられるものではない。子どもたちは、お互いにその微妙な感覚を見たり聞いたり、まねしたりしながら、感じ取っていく。表現についても同じだ。友だちの活動を見ていいなと感じたことや気付いたことは、まねしたり生かしたりしていく。また、竹ひごを切ったり、ハトメパンチで穴をあけたりするときには、自然と協力する姿が見られる。協働的な学習の中で、一人一人個性あふれる表現が繰り広げられる。

● 学習のプロセス（全体の時間：であい→ひろがり→ふりかえり）

動く仕組みをつくる

◎タブレット動画（仕組みのつくり方）を見ながら、動く仕組みをつくる

　動くおもちゃづくりでは、仕組みを理解し、用具を適切に扱いながら、確実に動く仕組みをつくることが大切である。あらかじめタブレットに仕組みのつくり方が分かる動画を取り込んでおき、グループで視聴しながら仕組みづくりを行うようにした。初めはじっくり視聴し、少しずつ理解し始めると、さっそく仕組みづくりに取りかかり、分かりにくいところやうまくいかないところは、静止したりスローにしたりして、理解を深めていく。

走らせたい車を考え、つくる

◎形や動きから走らせたい車を考え、つくる

　仕組みが完成したら、走らせてみて、つくりたい車のイメージを広げた。材料を選んだり、重ねたりしながら、夢の車を考えていく。きりやハトメパンチなど新しい用具だけでなく、これまでに学習してきたはさみやのりを使って、思いを表現していく。友だちの活動を見て思い付いたり、協力して活動したりするなど、子どもたち同士で協働的な学習を進めていく。

遊んで交流する

◎自分の車を紹介したり、友だちの車で遊んだりして、鑑賞する

　動くおもちゃの魅力の一つは、できあがったおもちゃで遊べることである。夢の車を紹介したり、友だちの車を走らせたりして、面白さやよさに気付いていく。友だちと一緒に走らせたり、反対向きに走らせたりして、新しい面白さに気付いたりゴムの巻き方を工夫するなど、よりスムーズに動く方法を伝えたりして、楽しく鑑賞を行う。

●学習プロセスの評価（資質や能力が発揮されている場面）

目標	◎ゴムの力で動く仕組みを知り、楽しい形や色の車をつくる。

評価規準		
知識・技能	思考・判断・表現	主体的に学習に取り組む態度
・ゴムの力を使って、走らせて楽しむ車をつくるときの感覚や行為を通して、形の感じ、色の感じ、それらの組合せによる感じなどが分かっている。 ・材料や用具を適切に扱うとともに切る用具、描画材、接着剤などについての経験を生かし、手や体全体を十分に働かせ、表したいことに合わせて表し方を工夫して表している。	（A表現）形の感じ、色の感じ、それらの組合せによる感じなどを基に、自分のイメージをもちながら、車が走る様子を想像したことや仕組みを動かして感じたこと、見たことから、表したいことを見付け、形や色、材料などを生かしながら、表したいことを考え、どのように表すかについて考えている。 （B鑑賞）形の感じ、色の感じ、それらの組合せによる感じなどを基に、自分のイメージをもちながら、車を走らせるなどして自分たちの作品の造形的なよさや面白さ、表したいこと、いろいろな表し方などについて、感じ取ったり考えたりし、自分の見方や感じ方を広げている。	つくりだす喜びを味わい、進んでゴムの力を使って、走らせて楽しむ車をつくる学習活動に取り組もうとしている。

●学習プロセスの評価のポイント（★指導上の留意点）

○仕組みの例を見たり走らせたりして、気付いたことや思い付いたことを話し合い、ゴムの力で動く車をつくることに関心をもっている。
★仕組みの例を見たり走らせたりして、意欲を高める。友だちと一緒に、タブレット動画を見ながら仕組みづくりに取り組むことでさらに意欲は高まる。

○材料を組み合わせたり、接着したりする中で、最初のイメージから新しく思い付いたこと、考えたことなどを取り入れ、更新させている。
★最初にある程度のイメージをもって活動に入るが、つくりながら考え、つくりかえていけるようにすることが大切である。

○動きを確かめながら、思った感じに合う形や色を見付け、走るように工夫している。
★グループで活動したり、教室の真ん中に広いスペースを設けたりするなど、児童同士が自然に話し合ったり、活動の様子を見合ったりできる場の設定が大切である。

○友だちの車を見たり動かしたりしながら、面白さやよさを感じ取っている。
★友だちの車を走らせて遊び、動きの面白さや装飾のよさに気付いていく時間を十分に確保するようにする。速さや距離、動きに注目したり、車にこめた願いを知ったりして、楽しんで活動するようにし、表現の多様性に気付くようにする。

●学習活動と指導上の留意点（教師の提案・学習活動・評価方法など）

時間	教師の提案	学習活動	指導・評価
90分 導入	・「ゴム動力で走る車について、気付いたことや不思議に思ったことを話し合おう」 ・「ゴム動力の仕組みを見たり走らせたりしてみよう」 ・「スムーズに動くかどうか確かめながら仕組みをつくろう」	・教師が仕組みの例を走らせて、子どもたちが驚きや疑問をもつようにする。 ・教師の仕組みの例を見たり走らせたりして、ゴム動力で走る楽しい車をつくることに興味をもつ。 ・タブレット動画や仕組みの例を参考にしながら、友だちと協力して仕組みをつくる。	◇主体的に学習に取り組む態度 ・ゴム動力で動く仕組みに関心をもち、楽しい車をつくることに取り組もうとしている。 ◇知識・技能 ・ゴムの力で走る車の仕組みを理解している。
135分 展開	・「仕組みを動かしてみて、夢や願いをのせて走る車を考えよう」 ・「自分が考えた車になるように、いろいろな材料を使って車を装飾しよう」	・車を走らせたり、いろいろな材料を並べたり積んだりしながら、つくりたい車を考えるようにする。 ・思いに合った形や色・材料を選び、用具を適切に扱いながら、工夫して車をつくるようにする。	◇思考・判断・表現 ・未来に走らせたい夢の車を思い付き、自分の思いに合った形や色を考えている。 ◇知識・技能 ・車が動くように仕組みをつくり、自分の思いに合った飾りなどを工夫している。
45分 まとめ	・「自分の車を紹介したり友だちの車を走らせたりして、楽しく遊ぼう」 ・片付け	・車を友だちと走らせて遊び、互いの作品のよさや面白さを感じ取るようにする。	◇思考・判断・表現 ・作品を動かして遊び、よさや面白さを感じ取っている。

■所感・実践の上でのアドバイスなど

　本題材で大切にしたことは材料である。給食のプリンカップや図工で使った液体粘土や木工用接着剤のふたなどを残しておいて、材料として使えるようにした。また、事前に保護者あてに廃材回収のプリントを配布し、車体となる箱や車輪となる丸い形のものをできるだけ多く集めるようにした。身近な廃材を再利用した理由は、普段見向きもしないものでも、造形的な見方・考え方を働かせることで、様々なものに変身させて楽しめることに気付いてほしいと考えたからだ。図画工作科の学習を通して、楽しいことや面白いことを与えられるのではなく、自らつくりだしていく力を付けていってもらいたい。

（荒木宣彦）

実践⑧ 中学年4　鑑賞する活動
まねして感じて鑑賞しよう

3年／1〜2時間

●本題材のねらい
○彫刻作品を見て、まねする活動を通して、造形的なよさや面白さを感じ取る。
○活動を通して、想像をふくらませ、自分なりの見方や感じ方を広げる。

●授業の概要
　この時期の児童は、低学年期に比べ鑑賞対象の広がりを見せ、これまでと違った見方や感じ方ができるようになる。本題材は、美術館にある彫刻作品を体でまねしながら鑑賞する活動である。まねをしたり題名を考えたりするといった自ら働きかける行為と、感じたことを伝え合うといった友だちとの関わりを生かした、能動的な鑑賞である。児童は、少人数（4〜6人程度）のグループで鑑賞する。漠然と見て鑑賞するのではなく、ワークシートを用いて注目する視点を踏まえてまねをすることにより、なぜそのように動きを表現しているのかを気付き、感じることができるようにしている。また、地域の美術館を利用することにより、児童が美術館への関心を高め、親しみをもつことができるようにしたい。

●準備
教師：ワークシート　　　児童：筆記用具

【作品6】手・足・顔を見てください。どんなことを考えていると思いますか。

【作品3】目と手にちゅうもくしてみよう。

◎作品のまねをする活動
　児童が自ら働きかけて見付けたよさや面白さは、見ること・感じることへの関心を高め、自分の見方や感じ方を広げる。実際に体全体で作品の動きをまねすることにより、「どうしてそのような動きをしているのか」「何を表現したいのか」などを考えるきっかけとなる。また、まねをしながら友だちと感じたことを伝え合うことにより、新たな見方や感じ方を知り、自らの見方を広げ、深めていくことへとつながる。

◎ワークシートを生かした活動
　ワークシートを活用することにより、鑑賞する視点に気付いたり、考えを深めたりすることができる。題名を考える活動は、まねをすることから想像を膨らませて、実際には見えない思いや場面などを考えることとなる。また、作品に応じて目や手などに注目を促すことは、全体像のみならず部分を意識することにより作品の見方や感じ方を深めることにつながる。

● 学習のプロセス（全体の時間：であい→ひろがり→ふりかえり）

| 導入 | 美術館での約束（例）
①美術館の外や中にある作品は全て大切なものです。さわらずに鑑賞しましょう。
②他のお客さんも来ます。大きな声を出したり走ったりしないようにしましょう。
③筆記用具は必要なときだけ出します。使わないときは、しまっておきましょう。
④グループごとに行動します。なかよく鑑賞しましょう。 | ◎本時の活動及び鑑賞時の約束事を知る
　本時の活動内容と約束事について伝える。児童の中には、美術館に来館することが初めての児童もいる。多くの人が利用する場所の利用マナー及び美術館での約束事を具体的に伝える。活動内容等については、ワークシートを使用しながら、活動場所・時間・ねらい・内容などを伝えるようにする。 |

鑑賞1

◎鑑賞1　館外の作品を鑑賞しよう
　グループで活動することにより、友だちと話しながら、より詳細にまねていくことができる。
　この写真では、母親に抱かれている子どもを、水筒を抱えることでまねし、母親にしがみ付くようにしている子どもを、友だちが演じている。彫刻の母親と同じ方向に視線を向けることにより、母親が語りかけている言葉を想像しながら鑑賞している。

鑑賞2

◎鑑賞2　館内の作品を鑑賞しよう
　この彫刻は、大きな石を支えている像である。鑑賞1で見た館外の作品に比べ、手や足、体全体が、不思議な姿をしている。実際に体全体でまねをする中で、子どもたちは「どうしてこのような動きをしているのだろう」と考えを巡らせていた。子どもたちは、まねをしたり、見る距離や方向、角度を変えたりしながら作品を鑑賞し、感じたことや想像したことを、友だちと伝え合いながら、自らの見方を深めていた。

ふりかえり

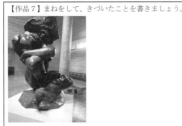

ワークシート（一部）
【作品7】まねをして、きづいたことを書きましょう。

◎ふりかえり
　児童は、まねをして感じたことを、ワークシートへ記述した。「まねをして、体勢が難しかった」「手だけでなく、肩で支えていた」「とても思い石を支えている感じがする」「表情がとても苦しそう」「疲れてしまって、休んでいる」「手や肩だけでは支えきれずに、足も使って体全体で支えている」「なんでこんなに重い石をもたなければいけないのだろう」など、一人一人が様々な思いをもつことができた。そして、互いに話をしていく中で、「本当に石を運ぶ人をつくりたかったのかな」「本当は、石ではないのではないか」というような本質へと思考を巡らせる児童もいた。

第6章　子どもの姿と授業の実践例

●学習プロセスの評価(資質や能力が発揮されている場面)

| 目標 | ◎身近な美術作品を鑑賞する活動を通して、造形的なよさや面白さ、表したいことを感じ取ったり考えたりし、自分の見方や感じ方を広げる。 |

評価規準		
知識・技能	思考・判断・表現	主体的に学習に取り組む態度
・ポーズに注目して身近な美術作品を見るときの感覚や行為を通して、形の感じ、色の感じ、それらの組合せによる感じ、色の明るさなどが分かっている。	(B鑑賞)形の感じ、色の感じ、それらの組合せによる感じや色の明るさなどを基に、自分のイメージをもちながら、身近な美術作品の造形的なよさや面白さ、表したいこと、いろいろな表し方などについて、感じ取ったり考えたりし、自分の見方や感じ方を広げている。	つくりだす喜びを味わい、進んで作品を見て、ポーズに注目することでどのような場面かを考えながら、よさを味わう学習活動に取り組もうとしている。

●学習プロセスの評価のポイント(★指導上の留意点)

★導入の段階。この段階では、全体や部分などを見る視点に気付き、活動に意欲的に取り組もうとする気持ちを育みたい。そのため、教師と対話しながら進める。
○「右手と左手がクロスしている」「右手が上」「首を曲げている」「脚を組んでいる」など、児童が作品に向き合い、感じ取ろうとしている姿を評価する。

★グループごとに鑑賞する段階。この段階では、友だちと一緒に感じたことを伝えたり、まねしたりする中で自分の見方を広げていきたい。
○「こっちの手は、こんな感じじゃない」「こういうふうに優しく押さえている感じ」など、まねをしながら、その情景や作者の思いを感じ取っている姿を評価する。

★まねをしながら鑑賞し、感じたことなどを整理する段階。この段階では、実際に自分でまねしたり、様々な角度から見たりする中で、自分の見方や感じ方を広げていきたい。
○「この手の感じが不思議だね」「なんで、こんな組み方をしているのかな」など、感じ考えたことを友だちと伝え合う中で、自分なりの見方や感じ方を広げている姿を評価する。

★まとめの段階。この段階では、活動を通して自分なりに感じ・考えたことのまとめを行う。
○児童は、自分でまねをしたり、感じたことを伝え合ったりする中で、見方を広げてきた。この段階では、再度、自分が作品と向かい合って対話し、感じ・考えたことをまとめる姿を評価する。

●学習活動と指導上の留意点（教師の提案・学習活動・評価方法など）

時間	教師の提案	学習活動	指導・評価
45分 導入	・本時の活動内容及び約束事について確認する。 ・「まねして感じて鑑賞しよう」	・美術館で鑑賞する際の約束事について知る。 ・本時の学習について知る。 ・教師と一緒に一つの彫刻を鑑賞しながら、鑑賞の方法や視点について知る。	★多くの人が訪れる美術館でのルールやマナーについて指導する。 ★自分自身が作品のまねをしたり、感じたことを友だちと伝え合ったりして、自分なりの見方を広げることができるよう伝える。 ★教師と対話しながら作品を鑑賞する中で、見る視点や活動全体のイメージをもつことができるようにする。
120分 展開	・グループごとに分かれて、作品鑑賞を行う。（人数と施設の都合上、館内と館外に分かれて、同時に行う。）	・ワークシートを使いながら、グループごとに活動を行う。 ・実際に作品を見たり、自分でまねをしたり、友だちと伝え合ったりしながら、作品を鑑賞する。 ・作品を鑑賞して感じたことや考えたことなどをワークシートに記入する。	◇思考・判断・表現 ・作品を見たりまねしたり友だちと伝え合ったりする中で、自分なりの見方や感じ方を広げている。 ★児童が意欲的にまねをしながら鑑賞することができるよう、全体や細部をよく見てまねている児童を称賛する。 ★まねをすることのみに夢中になっている児童に対しては、「どうしてそのような手の組み方をしているのかな」など、自分なりの考えを引きだす言葉がけをする。
15分 まとめ	・「感じ・考えたことをまとめよう」活動を通して気付いたことや感じたことをまとめる。	・再度、造形作品に向き合い、自分なりに感じ、考えたことをワークシートにまとめる。	◇知識・技能 ◇主体的に学習に取り組む態度 ・造形作品の鑑賞を通して形や表現方法の面白さを感じ取り、自分なりの見方や感じ方を広げている。 ★児童が感じ考えたことを書くことができるよう支援する。

■所感・実践の上でのアドバイスなど

　事例は、3年生の取り組みである。3年生の時期は、低学年に引き続き自分と対象が一体化するような気持ちで鑑賞する傾向がある。まねをしながら鑑賞する取り組みは児童の能動的な学習へとつながった。また、本実践は、学区域にある美術館に協力をいただいて行ったものである。児童は、美術作品を鑑賞する活動を通して、自分なりの見方や感じ方を広げるとともに、美術館や美術作品への関心を高めることができた。近隣に美術館がある学校は少ないと思われるが、校外学習等の様々な機会を活用しながら美術館で鑑賞することは、児童の学びに向かう力を高め、生活をより豊かにしていくと思われる。

（授業協力：サトエ記念21世紀美術館）

（文責　日本文教出版編集部）

実践⑨ 中学年5　絵に表す活動（ESDとの関連）
大地のおくりもの〜earth in mind〜

3年／4〜6時間

●本題材のねらい
（A表現（1）イ、B鑑賞（1）ア）感じたこと、想像したこと、見たことから自分の表したいことを見付け、土の色の美しさや、自分たちの形や色の美しさを感じ取る。

（A表現（2）イ、〔共通事項〕（1）ア・イ）身近にある土を集めて、絵の具をつくることを楽しみながら形や色などの感じが分かり、イメージをもつとともに、表したいことに合わせて工夫して表す。

●授業の概要
　本題材は、身近な自然や土に関わり、季節のうつろいを感じながら土を採取し、その土を天日に干し、ふるい、土の絵の具をつくることを楽しみながら絵に表す活動である。人類が誕生するはるか前に地球上に土があった。人間は大昔からこの土に支えられて生きている。しかし都内の身近な場所では簡単に土を採取できないことに児童は気付く。地域や親戚にも働きかけながら土を集める。児童は土の色の多様さ、美しさに驚き、変化する土の感触などを感じ取るであろう。土と水のりを調合した絵の具で、いろいろ試し表す中から生まれてくる、自分の形や色に意味や価値をつくりだす、土の再生である。自然、地域や社会、他者とつながりながらひらかれていく学びである。

●準備
教師：自然の土、胡粉、厚手和紙、洗濯のり（PVA）、ふるい、ガラスビン、筆、小皿
児童：自然の土（500mL程度）を天日に干して持ってくる、タオル

◎自分の感覚や行為を通して
　児童は、天日に干した土をふるいにかける経験も新鮮に感じられる。ふるいの目を細かくするほどに、ふかふかの土へと変わっていく。のりでこねる、乾燥する、時間の経過とともに感触や色が変化する。そのような土に働きかけ、働きかけられるプロセスの中で、自分の感覚や行為を通して、ここには見えないもの、記憶にも想像を広げていくことができるであろう。

完全無農薬栽培の枝豆農家との関わり

◎earth in mind 心に地球を
　人間は地球のほんの一部の自然にすぎない。これからの未来を生きていく児童には、今大切なことは何かを感じ、考え、問い続けながら、多様な命、こと、ものとのつながりを大事に共生していく力を育成していくことが重要である。
　「つながり、プロセス、対話、全体性」を大切にし、一人一人の児童も大人も earth in mind を自分事にする学びを創造する必要がある。

● 学習のプロセス（全体の時間：であい→ひろがり→ふりかえり）

集めた土をふるいにかける

「こんなにさらさらになった」

→

「土の色は少しずつみんな違う。土ってきれいだな」

土で絵の具をつくることを楽しむ

「もっとのりを多くしよう」

完全無農薬栽培の枝豆農家さんとスカイプでつながる。

小さな和紙。好きな形を選ぶことからも、発想のきっかけが生まれる。

「小さな和紙にどんどんかくのは楽しいな」

形や色を考えて表す

「いろんな色の土の花をさかせたよ」

「そっと置くんだ。土の絵の具コレクションができた」

形や色、材料などを生かしながら、どのように表そうか考えている。

自分たちの作品を味わう

みんなの『大地のおくりものギャラリー』

『わたしの心の夕方』（40×60㎝）
小さな和紙に何枚もかいたものを組み合わせて大きな紙に貼ると、新しい見え方で土の世界が広がった。

●学習プロセスの評価（資質や能力が発揮されている場面）

目標　◎土を集めて絵の具をつくることを楽しみ、感じたこと、想像したこと、見たことから表したいことを見付け、形や色、材料を生かしながら、思いに合う表し方を工夫して表す。

評価規準		
知識・技能	思考・判断・表現	主体的に学習に取り組む態度
・土でかくときの感覚や行為を通して、色の感じ、形の感じ、それらの組合せによる感じ、色の明るさなどが分かっている。 ・土の絵の具を適切に扱うとともに、前学年までの材料や用具についての経験を生かし、手や体全体を十分に働かせ、表したいことに合わせて表し方を工夫して表している。	（A表現）色の感じ、形の感じ、それらの組合せによる感じ、色の明るさなどを基に、自分のイメージをもちながら、土の絵の具に触れて感じたこと、想像したことから、表したいことを見付け、形や色、材料などを生かしながら、どのように表すかについて考えている。 （B鑑賞）色の感じ、形の感じ、それらの組合せによる感じ、色の明るさなどを基に、自分のイメージをもちながら、自分たちの作品の造形的なよさや面白さ、表したいこと、いろいろな表し方などについて、感じ取ったり考えたりし、自分の見方や感じ方を広げている。	つくりだす喜びを味わい、進んで土でつくった絵の具の感じを楽しみながら絵に表す学習活動に取り組もうとしている。

●学習プロセスの評価のポイント（★指導上の留意点）

○この児童は、一つ一つの土の色の違いを確かめるようにして、つくった色を混ぜないで和紙の上に置いている。
★土と和紙の心地よさを感じながら、生まれてくる自分の形や色の感じを楽しみ、表したいことを見付けている姿を読み取る。

○この児童は、雨が降っているところを表すために、水のりを多めに調合し、筆先を立て、勢いを付けてさっと細い線を何本もかき、表し方を工夫している。
★自分の表したいことを表すために、児童は用具の持ち方や動かし方を変え、表している。児童の手掛けている行為とイメージは密接であるから、教師は想像力を働かせて活動を見守っていくことが大切である。

『馬の競走』(30×70cm)

○表した作品をすぐにミニギャラリーに展示し、自分たちの形や色から、見たり感じたりしたことを伝え合い、自然な形で鑑賞を行っている。
○友だちの作品のコメントも見ながら、よさや面白さなどを感じ取っている。自分の作品を改めてじっくり見た後に、言葉を添えている。友だちの言葉を見てもう一度考え、言葉を変える児童もいる。

○この児童は「馬」をかいた小さな和紙を、横長にした大きな台紙の端に置き、広い大地に放たれたかのように自由に走る馬を次々と表し、『馬の競走』と新たな構想をしている。
★表したいことに合わせて、土の色を選び、組合せを考えて、筆や刷毛を使い分けながら工夫して表している姿を見守り、対話や作品から読み取る。

●学習活動と指導上の留意点（教師の提案・学習活動・評価方法など）

時間	教師の提案	学習活動	指導・評価
45分 導入	・「土で絵の具をつくることを楽しみながら、小さな紙にどんどんかいていこう」	・自分たちが集め、ふるいにかけた土で絵の具をつくり、絵に表すことを知る。教師の演示する提案に身を重ねて見る。 ・採取した場所にも注目して好きな色を選び、水のりで調合して土の絵の具をつくることを楽しみながら、思いのままに和紙に塗ったりかいたりしていく。	◇主体的に学習に取り組む態度 ・実際に材料や用具を使い演示した教師の提案に可能性や見通しをもって聞いているか、表情や発言から判断する。 ・採取地や好きな土を選び絵の具をつくることを楽しんでいるか、表情や活動から判断する。
90〜180分 展開	・「できた作品を『大地のおくりものギャラリー』に飾って見ながら、形や色などの感じを考えて、自分の表したいことを見付けよう」 ・「大きな和紙に組み合わせたり、つなげたりして想像を広げて表そう」	・『大地のおくりものギャラリー』に作品を飾り、言葉を添える。 ・和紙のサイズや用具を選び、工夫して表していく。 ・気に入った作品を大きな紙に組合せを考えて貼り、さらに思い付いたことを、想像を広げて絵に表していく。	◇思考・判断・表現 ・自分の小さな作品を基に、大きな和紙の形を選び、組み合わせることから、新たな見え方に気付くようにし、表したいことを構想していく。 ◇知識・技能 ・自分の表したいことに合わせて、絵の具を調合したり、用具の使い方を試したりして工夫している姿を、活動や作品から判断する。
45分 まとめ	・「作品にタイトルを付け、自分たちの作品のよさや面白さを味わおう」 ・片付け	・作品にタイトルと、作品のイメージや工夫したことなどコメントを添え、活動を振り返ることで、自分たちの表現への思いを温める。	◇思考・判断・表現 ・形や色などの感じに表されたよさや面白さを感じ取りながら、言葉にして伝えようとしている姿から判断する。

■所感・実践の上でのアドバイスなど

　自然や地域、他者と関わりながら採取した土は、児童にとって特別に愛着をもった材料となった。土を採取するにあたっては、保護者にも周知し、安全への配慮を行いたい。また、土の色の多彩さや美しさを感じ取れる場の設定や、表すことと見ることが一体となった場の工夫をすることで、児童の中で自然に対話が生まれ、学びの深まりにつながった。
　自分で採取した貴重な土、基底材も自然の植物からつくられた和紙を使用し、「いただくいのち」としての材料をいとおしむ様に、大切に扱う姿が多く見られた。小さな紙のサイズで、数種の形から選び、何枚も表せるようにすることで、土それぞれの色を味わい、じっくりと絵の具に調合し、自分の表したいことを表そうという意欲が高まった。土は混色せずに絵の具にすることを提案し、児童は自ずと画面の上で色を重ねたり、組合せを考えたりしていった。

（鈴木陽子）

実践⑩ 高学年1　造形遊びをする活動
ここから見ると…！

6年／5時間

●本題材のねらい
　身近な場所の特徴を捉え、空間の奥行きなどを生かしながら、ある一点から見ると何かの形に見えるような工夫をして、見る人が楽しくなるようなものをつくる活動を楽しむ。

●授業の概要
　普段子どもたちが生活している学校の中の空間を生かした造形活動である。学校には長い廊下や曲がり角、広い踊り場や大きな窓ガラス、鏡、ドアなど、特徴のある空間や奥行きが広がっている。今回の活動は、そのような子どもたちの身近にある場所の特徴を生かし、その場所に来た人を楽しませるような"しかけ"をつくることを楽しむ活動である。今回子どもたちに提案する"しかけ"は、壁や床などに貼った様々な色の線や形が、ある場所から見ると、"あるもの"に見えるというものである。つまり、ある一点からしか、"あるもの"が見えない面白さを味わう活動である。また、「この場所だから、この形にした。」というように、その場所と表す形の関係を考えて進めていく活動でもある。
　高学年の、客観的に周りのものを見て空間の特徴を捉える能力、見る人の視覚をくすぐり、そのようなしかけをつくる知的活動を面白がれる能力が発揮されることを期待したい。

●準備
教師：カラービニルテープ（赤・白・黄・青・緑・黒など、細いものと太いもの２種類ずつ）、
　　　色画用紙（赤・白・黄・青・緑・黒と必要に応じてプラス何色か）
児童：はさみ、セロハンテープ

◎この活動の意味
　場所の空間的な特徴（奥行き、広さ、高さ、角度など）を身体で感じ、意味的な特徴（例えば、保健室の角の壁、低学年の子がよく通る場所、６年生の教室のそば、理科室へ向かう廊下など）を考えながら、より、その場とのつながりが強く、見た人が関心を示し、楽しめるようなものを考えることが、活動の広がりと深まりにつながる。
　活動の指揮をとる役割の子と、形をつくる子など、グループ内での役割分担が必要な活動である。グループ内でコミュニケーションをとりながら、一つのものをつくりあげていく過程での友だちとの関わりや、完成したときみんなで味わう達成感は、この活動を行う大変大きな意味でもある。

●学習のプロセス（全体の時間：であい→ひろがり→ふりかえり）

| 活動の流れをつかむ |

活動内容とその流れを、画像を見ながら理解する。

| 場所を探し、表したいものを考える |

校舎内のいろいろな場所を見に行き、活動したい場所をグループで相談して決める。

| 表したいものを決め、透明シートにかく |

グループで相談しながら、ワークシートに①選んだ場所②そこに表したいもの③なぜその形を表したいのかを書き込み、表したい形を透明なシートに写し取る。

| 決めた場所で、表したいものを表す |
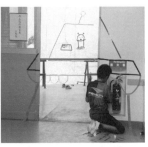
グループ内で全体を見て指示を出す人と、材料を使って形を表す人に分かれ、協力しながら活動を進めていく。

| お互いの活動場所を見合い、活動の振り返りを行う |

お互いのグループの活動場所を見合い、その面白さを感じながら、楽しんで見る。

●学習プロセスの評価（資質や能力が発揮されている場面）

> 目標　◎場所の特徴を捉え、ある一点から見ると、そこの場所と関わりのあるものの形に見えるような工夫をして、見る人が楽しくなるようなものをつくる活動を楽しむ。

評価規準		
知識・技能	思考・判断・表現	主体的に学習に取り組む態度
・場所の思い出を基に空間をつくりかえるときの感覚や行為を通して、動き、奥行き、バランス、色の鮮やかさなどを理解している。 ・活動に応じて材料や用具を活用するとともに、前学年までの材料や用具についての経験や技能を総合的に生かしたり、方法などを組み合わせたりするなどして、活動を工夫してつくっている。	（A表現）動き、奥行き、バランス、色の鮮やかさなどを基に、自分のイメージをもちながら、思い出のある場所や空間などの特徴を基に造形的な活動を思い付き、構成したり周囲の様子を考え合わせたりしながら、どのように活動するかについて考えている。 （B鑑賞）動き、奥行き、バランスなどを基に、自分のイメージをもちながら、自分たちのつくりだしたものの造形的なよさや美しさ、表現の意図や特徴、つくり方の変化などについて、感じ取ったり考えたりし、自分の見方や感じ方を深めている。	つくりだす喜びを味わい、主体的に場所の思い出を基に、思いのつまった空間につくりかえる学習活動に取り組もうとしている。

●学習プロセスの評価のポイント（★指導上の留意点）

○理科室へ向かう曲がり角の、手前の壁と向こう側の壁の奥行きを生かし、理科に関係のあるフラスコの形を表現している。また、グループ内で役割分担して、協力しながら活動している。
★必ず一人は決められた場所から指示を出すように伝える。フラスコに溜まる液体のように色で面をつくる場合は色画用紙を使うように言う。

○階段の踊り場にある鏡の効果を生かし、手前の手すり、その向こうの壁、鏡に映る壁を生かし、とても不思議な空間を、ドアという形を使って表現している。
★このグループのように視点が面白い場合、とにかく褒め、そのアイデアのよいところを伝える。子どもたちの能力と時間を照らし合わせ、無理なく取り組めるような形を相談しながら決める。

○同じ階段で、上から見える面と下から見える面を生かし、二つの違う形を表している。
★同じ場所でも見る角度を変えると、見える面が違うという場所の特徴を生かしているので、そのような視点をもって取り組んでいるところを褒め、その面白さ、よさを伝える。

○決められた場所に人が立つと、その人に羽根が付き冠をかぶっているように見える工夫をしている。この場所は6年生の教室がある棟に入る入り口なので、この時期の子どもたち独特の二面性を表す悪魔と天使の羽根を表し、向こうの壁に天使！？悪魔！？という文字が書かれている。
★場所の特徴を生かし、空間の雰囲気を変容させるのではなく、そこに立つ人そのものを変身させるという取り組みは、一つの新しい視点であることを伝え、他のグループにも積極的に鑑賞してもらうように呼びかけるように伝える。

●学習活動と指導上の留意点（教師の提案・学習活動・評価方法など）

時間	教師の提案	学習活動	指導・評価
15分 導入	・ある場所から見ると、何かの形が見えてくる仕組みの面白さを伝え、校内の身近な場所を使って、そのような活動にチャレンジしてみようと提案する。 ・グループでの取り組み方や、やり方を示す。 ・グループで一枚、活動内容を記述するワークシートを書くよう促す。	・活動内容を理解し、自分たちがどのような活動をするかイメージをもつ。 ・グループで話し合い、どのような場所で、どんな形を表すかイメージをもち、ワークシートに書き込む。	◇思考・判断・表現 ・選んだ場所の空間的な特徴を基に、自分のイメージをもっている。 ★表情やつぶやき、発言などを基に判断する。 ★ワークシートの記述により判断する。
30分 展開1	・活動場所とそこに表してみたい形を、グループで相談しながら決めるよう伝える。 ・表したい形を透明シートに写すように伝える。	・グループで相談しながら、活動してみたい場所を探し、その場所で表してみたい形を考える。 ・表してみたい形をかき、透明シートに写す。	◇思考・判断・表現 ・身近な場所の特徴から表したいものを思い付き、周りの様子を考え合わせながらどのように活動するかについて考えている。 ★行動観察により判断する。
155分 展開2	・活動に必要な透明シートやカラービニルテープ、色画用紙を選び、活動場所へ持っていくように促す。	・グループで活動場所へ移動し、その場所で表したい形をつくる活動を、協力しながら進める。	◇知識・技能 ・自分の感覚や行為を通して、表したいものの形や色などの造形的な特徴を理解している。 ・カラービニルテープや色画用紙を活用し、今までの経験を生かして、活動を工夫してつくることができている。 ★行動観察により判断する。
25分 まとめ	・他のグループと活動場所をお互いに見合い、よいところや面白いところを見付け伝え合うよう提案する。 ・振り返りのワークシートを、個人で書くように提案する。 ・片付け	・お互いの活動場所を見合い、よいところ、面白いところを伝え合う。 ・自分たちの活動の振り返りや、他のグループを鑑賞して気が付いたことや考えたことをワークシートに書き込む。	◇思考・判断・表現 ・自分や友だちが表したものの表現の意図や、表し方の面白さなどについて、感じ取ったり考えたりし、自分の見方や感じ方を深めている。 ★行動観察により判断する。 ★ワークシートの記述により判断する。

■所感・実践の上でのアドバイスなど

　６年生の造形遊びの実践で、子どもたちの意欲を引きだし、主体的な活動にしていくためには、適度な知的な手応えと造形的な面白さが必要であり、指導者として頭を悩ませるところが大きい。今回の題材では、子どもたちがグループで協力しながら、主体的に楽しみながら活動する姿が随所に見られた。また、この活動の造形的な面白さに加え、自分たちの表現したものを通して、校内で生活する他学年の子どもや先生方などと関わりがもてるところも、一つの大きな魅力であったように思う。このような活動の積み重ねを通して、子どもたちの日常が少しずつ豊かになることを期待する。

（雨宮　玄）

実践⑪ 高学年2　工作に表す活動
広がれ！ ○○ワールド！
～カムの動く仕組みを使って～

6年／5時間

●本題材のねらい
○カムの動く仕組みに関心をもち、その仕組みを使って自分が考えた作品をつくる。
○自分が思うような作品に仕上げるため、動きを確かめながら試行錯誤し、表し方を工夫してつくる。

●授業の概要
　本題材は、多くの機械に使われている「カム」の基本の仕組みである、上下・回転運動の面白い動きを生かして、楽しい動くおもちゃをつくる活動である。
　まず、身近な材料を使ってカムの動く仕組みをつくり、その動きから、つくりたい動くおもちゃを考える。次に、イメージしたことを基に材料を選んだり、形や色を考えたりしながら、試行錯誤を繰り返し、表し方を工夫してつくっていく。その際、イメージした動きになるように、動きを確認しながらつくり、作品が完成したらつくったもので遊びながら、お互いの作品のよさを話し合ったり認め合ったりする。

●準備
教師：ハトメパンチ、カッターナイフ、サークルカッター、きり、ラジオペンチ、接着剤、竹
　　　ひご、色中厚紙、黄ボール紙、牛乳パック、ペットボトルのキャップ、ハトメなど
児童：はさみ、定規、水彩絵の具など

◎動くおもちゃの魅力
　図画工作科は、子どもたちにとって楽しく参加できる活動である。特に、動くおもちゃは、子どもたちが目を輝かせて取り組む教材である。それは、身近にあるいろいろな材料を集め、手や道具によって新しい形をつくりながら、「頭」（思考）と「手」（試行）と「心」（志向）を連動させた全身的な活動である。

　こうして、子どもたちの自然発生的な試行錯誤の中から創意工夫して「できた！」「やった！」と表現達成の喜びを味わう時こそ、たとえ小さくてもゆるぎない自信をもち、「夢」をかなえることができる。
　このことは、創造活動の中だけにとどまらず、この活動を通して、創造力や、構成力、集中力、忍耐力、主体性、計画性、社会性などを培うことができるのである。

● 学習のプロセス（全体の時間：であい→ひろがり→ふりかえり）

動く仕組みをつくる

動く仕組みのポイント
二つのカムの形を変えることで、動きに変化が生まれる
軸としっかり固定する
ストローをはさんで軸が左右に動かないようにする

◎動く仕組みの作品を参考につくり方を考えながら、動く仕組みをつくる

　動くおもちゃづくりは、動く仕組みを理解し、確実に仕組みが動くようにつくることが大切である。そのため、教師は動く仕組みの資料作品や仕組みのつくり方の資料を準備しておくとよい。この段階で、思い付いたことをアイデアスケッチにまとめ、それを基に友だちと話し合うことで、思いが広がりさらに意欲が高まる。

イメージに合った動くおもちゃをつくる

◎イメージした動きになるように、上下・回転の動きを確認しながらつくる

　材料を選び、重さやバランスを考え、試行錯誤しながら楽しい動くおもちゃをつくる。友だちの作品を見て思い付いたり、情報交換したり、また協力したりして、協働的な活動をする。

友だちと交流し鑑賞する

◎自分の作品を動かしながら、紹介したり友だちの作品を動かしたりして鑑賞する

　完成した作品を動かして遊びながら紹介したり、友だちの作品の動きを見たりして、動く面白さや、よさに気付く。

●学習プロセスの評価（資質や能力が発揮されている場面）

目標　◎カムで動く仕組み（回転・上下に連動して動く）を知り、その動く面白さから発想した美しい形や色の、動くおもちゃをつくる。

評価規準		
知識・技能	思考・判断・表現	主体的に学習に取り組む態度
・カムの仕組みを使って、楽しく動くものをつくるときの感覚や行為を通して、動きや奥行き、バランスなどを理解している。 ・表現方法に応じて針金やペンチなどを活用するとともに、前学年までの切る用具、描画材、接着剤などについての経験や技能を総合的に生かしたり、表現に適した方法などを組み合わせたりするなどして、表したいことに合わせて表し方を工夫する。	（A表現）動きや奥行き、バランスなどを基に、自分のイメージをもちながら、仕組みを動かして感じたこと、想像したこと、見たことから、表したいことを見付け、形や色、材料の特徴、構成の美しさなどの感じなどを考えながら、どのように主題を表すかについて考えている。 （B鑑賞）動きや奥行き、バランス、色の鮮やかさなどを基に、自分のイメージをもちながら、動かすなどして自分たちの作品の造形的なよさや美しさ、表現の意図や特徴、表し方の変化などについて、感じ取ったり考えたりし、自分の見方や感じ方を深めている。	つくりだす喜びを味わい、主体的にカムの仕組みを使って、楽しく動くものをつくる学習活動に取り組もうとしている。

●学習プロセスの評価のポイント（★指導上の留意点）

○動く仕組みの参考作品を見たり動かしたりして、気付いたことや、思い付いたことをグループで話し合いながら、動くおもちゃをつくることに関心をもっている。
★グループの友だちと話し合いながら、アイデアを出し合うことで、思いが広がりさらに意欲が高まる。

○動きをイメージし、その動きを何度も確かめながら試行錯誤を繰り返し、確実に動くようにカムの動く仕組みをつくっている。
★アイデアスケッチを基に動く仕組みをつくるが、イメージに合うように試行錯誤を繰り返し、粘り強く取り組むことが大切である。

○カムの動く仕組みで、上下や左右回転の動きを確かめながら、思った感じに合うような形や色、重さ、バランスを考え、工夫してつくっている。
★座席はグループで活動できるように設定し、製作しながら子ども同士が自然に相談し合ったり、活動の様子を見合ったりできる場の設定が大切である。

○自分の作品を紹介したり、友だちの作品を見て動かしたりしながら、面白い動きやよさを感じ取っている。
★友だちの作品を動かし、面白さや装飾のよさなどに気付くことのできるよう、鑑賞の時間を十分に確保する。作品に込めた思いを知ったり、動きに注目したりして、表現の多様性に気付き、楽しんで活動できるようにする。

● **学習活動と指導上の留意点（教師の提案・学習活動・評価方法など）**

時間	教師の提案	学習活動	指導・評価
90分 導入	・「カムの動く仕組みを理解し、気付いたことや不思議に思ったことを話し合い、何をつくりたいか考えよう」 ・「自分がつくりたい動くおもちゃの動きを考え、アイデアスケッチをしよう」 ・「カムの動く仕組みをつくろう」	・カムの動く仕組みを提示し、その動きから、驚きや疑問をもち、つくりたいものを発想する。 ・何をつくりたいか考え、アイデアスケッチに表しながら製作計画を考える。 ・仕組みの参考例を見ながら、友だちと協力して動く仕組みをつくる。	◇主体的に学習に取り組む態度 ・カムの動く仕組みに関心をもち、楽しい動くおもちゃをつくることを計画的に取り組もうとしている。 ◇知識・技能 ・カムの動く仕組みを理解し、つくっている。
110分 展開	・「アイデアを基にして、形や大きさ、色を工夫しながら外装部をつくろう」 ・「動く仕組みを動かし、重さやバランスを調整して、自分の思いに合った動きになるようにしよう」	・自分の思いに合った形や色・材料を、用具を適切に扱いながら、工夫してつくる。 ・試行錯誤しながら重さやバランスを調整し、外装部をつくる。	◇思考・判断・表現 ・自分の思いに合った形や色を考えている。 ◇知識・技能 ・重さやバランスを調整し、確実に動くように外装部をつくっている。
25分 まとめ	・「自分の作品を紹介したり、友だちの作品を見て動かしたりして、楽しく遊ぼう」	・自分の作品や友だちの作品を動かし、作品に込めた思いを知ったり、動きに注目したりして、面白さや装飾のよさなどに気付く。	◇思考・判断・表現 ・作品を動かし、互いの表現について話し合うなどしながら、面白さやよさを感じ取っている。

■ **所感・実践の上でのアドバイスなど**

　高学年の工作に表す活動では、材料（動く仕組み）や用具を使うことから発想や構想を広げる等の活動を工夫する必要がある。そのため、前学年までにどのような材料や用具を経験しているかを把握しておくことが大切である。また、児童が自分の経験や技能を総合的に生かしたり、表現に適した方法などを組み合わせたりすることができる機会を設定することが重要である。

　カッターナイフなどの用具を使う際には、安全に使うことができるように児童の様子を見守り、必要に応じて声かけをする。

(平尾隆史)

実践⑫ 高学年3　鑑賞する活動
よく見て、感じよう〜スーラの作品〜

5年／3〜4時間

●本題材のねらい
　作品から想像した作者の表現を試す中で、作品のよさを深く感じ取り味わい、自分なりの見方や感じ方を広げ、深める。

●授業の概要
　本題材は、ジョルジュ・スーラの作品『グランド・ジャット島の日曜日の午後』を鑑賞し、作品のよさを深く感じ取り味わう。この作品は、明るい色が多く使われており、閑静な川沿いの公園が描かれている作品である。また、点描による表現技法が使われており、色の配置が、分かりやすく表現されている。児童が作品から想像した作者の表現を試す中で、作者の思いや願いに迫りながら、見方や感じ方を広げ、深めていく。

●準備
教師：作品の実物大図版、着色されていない風景の下絵を6分割した画用紙（表現ピース）、ローラー、スタンプ、スポンジ、ストロー、ペン類
児童：絵の具、筆、自分が想像した表現に必要な用具

　本題材では、直感的に感じ取ったことを友だちと対話したり、表現を試したりして、形や色、奥行きなどの造形的な特徴を基に、分析的に見ながら、意図や気持ちなどを読み取っていく。

　表現を試す体験をしながら鑑賞活動をすることで、作品の世界に深く入り込め、作品のよさを、造形的な特徴を基に根拠をもって述べるようになるだろうと考える。また、友だちと交流し、対話を繰り返すことによって、見方や感じ方について、比較したり、共有したりしながら、新たな見方や感じ方を発見し、広げるようにしたい。

●学習のプロセス（全体の時間：であい→ひろがり→ふりかえり）

作品とであい、作品のよさを直感的に感じ取る

雰囲気づくりをしたり、描かれているものを身体表現させたりして、描かれている場面について想像させることで、児童に作品を強く印象付ける。

作品の時代背景や、作者の生い立ちなどの情報は一切与えず、自由に作品のよさを感じ取らせていきたい。

感じ取ったことを基に、「何が描かれていますか」や「何色が使われていますか」、「この人（描かれている人）は何を考えているでしょう」などの特定の質問項目を用意し、友だちと対話する『ギャラリートーク』をさせる。初めは、教師が質問を提示するが、徐々に児童が考えた質問でも対話させることで、児童の直感的な見方や感じ方を引きだす。

作品から想像した作者の表現を試す

「どんな筆をどのように使って描いているのだろう」「どの色を組み合わせたら、こんな色ができるのか」などと投げかけ、作者の表現方法について想像させる。そして、想像したことを基に、作品に使われた用具や材料を使ってみたり、表現を試したりする試しの活動をさせる。そうすることで、作品の形や色などの造形的な特徴に着目させ、「細い筆で力を抜いて線をかくことで、優しい表情を表したかったのだろう」「赤色を多く使うことで、戦争への怒りを表したかったのだろう」などと思索させ、作者の思いや願いに迫るようにする。

友だちと交流し、作品の説明をする

再度作品を鑑賞してから、友だちと作品について対話し、キャプションにまとめる。「明るい色を重ねることで、ゆったりした暖かい日の様子を表した」などと、造形的な特徴を基に、根拠をもって具体的に述べるようにする。児童が表現方法に注目しすぎ、作者の作品から意識が離れないようにすることが大事である。

●学習プロセスの評価（資質や能力が発揮されている場面）

目標	◎作品から想像した作者の表現を試す中で、作品のよさを深く感じ取り味わい、自分なりの見方や感じ方を広げ、深める。

評価規準		
知識・技能	思考・判断・表現	主体的に学習に取り組む態度
・スーラの作品を見るときの感覚や行為を通して、動きや奥行き、バランス、色の鮮やかさなどを理解している。 ・表現方法に応じて材料や用具を活用するとともに、前学年までの描画材についての経験や技能を総合的に生かしたり、表現に適した方法などを組み合わせたりするなどして、表したいことに合わせて表し方を工夫して表している。	（A表現）動きや奥行き、バランス、色の鮮やかさなどを基に、自分のイメージをもちながら、スーラの作品の表し方から感じたこと、想像したことを基に表したいことを見付け、形や色、材料の特徴、構成の美しさの感じなどを考えながら、どのように主題について表すかについて考えている。 （B鑑賞）動きや奥行き、バランス、色の鮮やかさなどを基に、自分のイメージをもちながら、スーラの作品の造形的なよさや美しさ、表現の意図や特徴、表し方の変化などについて、感じ取ったり考えたりし、自分の見方や感じ方を深めている。	つくりだす喜びを味わい、主体的にスーラの作品を見て、表し方の違いを見付け、よさや美しさを味わう学習活動に取り組もうとしている。

●学習プロセスの評価のポイント（★指導上の留意点）

○作品に近付いたり離れたりしながら、作品を積極的に見ようとしている。
○実物大の作品を目の前にした瞬間、「すごい」や「きれい」などの感嘆の声をあげる。作品に近寄ってじっくり見たり、様々な方向から見たりする。

○直感的に作品のよさを感じ取っている。
○「のんびりしているね」や「自然がいっぱいある」、「点々でかいてある」などとつぶやいたり、作品の気になる部分を指で示しながら、作品に描かれている人や動物の格好のまねをし、作品の背景を思い浮かべたりする。

○複数の鑑賞の視点をもって、作者の思いや願いに迫り、新たな見方や感じ方を発見している。
○様々な用具でかくと、どのような感じになるのか試し、「スポンジでかいた山とスパッタリングの表現方法でかいた山では感じが違うね」と、表現の違いによって雰囲気が変わることに気付く。

○友だちと感じ取ったことを交流して、自分の見方や感じ方を広げ、深めている。
○試しの活動を振り返り、再度作品を鑑賞してから、友だちと作品について、「作者は、この温かく平和な風景が世界に広がってほしいと思って描いたんじゃないかな」や「日常にはこんなに美しい風景があることを知らせたいんだよ」などの対話をする。

●学習活動と指導上の留意点（教師の提案・学習活動・評価方法など）

時間	教師の提案	学習活動	指導・評価
45分 導入	・作品を実物大で見せたり、身体表現をさせたりすることで、作品のよさを直感的に感じ取ることができるようにする。 ・簡易なギャラリートークをさせ、直感的に感じ取ったことを対話させることで、見方や感じ方を引きだすことができるようにする。	・実物大の図版作品と出会い、作品のよさを直感的に感じ取る。 ・作品に描かれている人や動物の格好のまねをし、作品の背景を思い浮かべながら身体表現をする。 ・筆の使い方や色の組合せなどの作者の表現方法や作品の場面について想像し、友だちと対話する。	◇主体的に学習に取り組む態度 ・作品に近付いたり離れたりしながら、作品を積極的に見ようとしている。 ◇思考・判断・表現 ・直感的に作品のよさを感じ取り、それらを友だちに説明している。
90分 展開	・作品から想像した作者の表現を試すことで、思いや願いに迫ることができるようにする。 ・試した表現を比較したり共有したりすることで、新たな見方や感じ方を発見することができるようにする。	・スポンジ／たわし／ひも／ブラシ／ペン／筆／スポイト／ローラー／緩衝材などでかくと、どのような感じになるのか試し、作者の思いや願いに迫る。 ・友だちと対話し、新たな見方や感じ方を発見する。	◇主体的に学習に取り組む態度 ・作品から想像した作者の表現を試すことを楽しんだり、作品を何度も見たりしている。 ◇思考・判断・表現 ・作者の思いや願いに迫り、新たな見方や感じ方を発見している。
45分 まとめ	・友だちと対話し、作品のキャプションを考えさせることで、自分の見方や感じ方を広げ、深めることができるようにする。 ・片付け	・再度作品を鑑賞し、作品のキャプションを考え、発表する。	◇思考・判断・表現 ・友だちと感じ取ったことを交流して、自分の見方や感じ方を広げている。

■所感・実践の上でのアドバイスなど

　第5学年の児童は、今までの経験を基に一人一人の感じ方や見方が確立されると同時に、他者の視点に立って物事を捉えられるようになる。しかし、「すごい」や「上手」などと、短絡的な感想を述べたり、友だちの感想に影響されて一面的な見方をしたりする傾向もある。そこで、個々静かに作品を見つめるだけではなく、表現を楽しみ、友だちと話し、作者の思いや願いを想像しながら鑑賞していくことが大切であると考える。もちろん、感じ取ったことに間違いはないことを押さえておくとよい。また、キャプションづくりにおいて、文章を書くことが苦手な児童には聞き取りが必須である。

（沢代宜住）

実践⑬ 高学年4 工作に表す活動（ICTとの関連）
コマコマアニメーション

5年／4〜6時間

●本題材のねらい
　動きが連続して見えるアニメーションの仕組みを生かして、デジタル表現で楽しい作品をつくる。

●授業の概要
　この時期の子どもは、いろいろな情報を活用して考えたり、様々な視点から行動や考えを検討したり、また、違うものの立場に立ってその心情に思いを巡らせたりするようになる。本題材では、いろいろなものの動きや場面の変化の面白さに気付き、自分なりのストーリーを考える活動を通して、一つのアニメーションの場の設定や主人公のキャラクターの形や色、動きの面白さを考える力を育てる。また、できあがった作品を鑑賞し合う中で、互いの作品のよさや工夫に気付くよう、鑑賞の時間を十分に設け、感じたことを伝え合う時間も配慮する。

●準備
教師：紙粘土、黒板、チョーク、（ホワイトボード、ホワイトボード用マーカー）、デジタルカメラまたはタブレットコンピュータ、三脚、パソコン、編集ソフト、大型テレビまたはプロジェクター
児童：絵の具

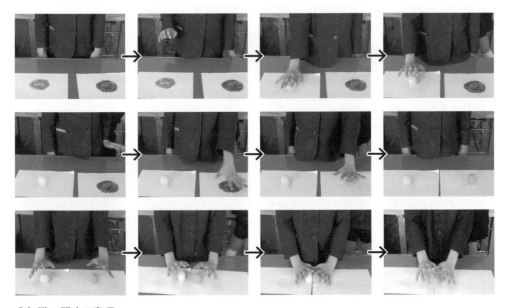

◎知識に関する事項
・身近な材料を使って表す、紙粘土で表す、黒板にチョークでかいて表す、人や身近なものを使って表すなど、思考が広がるようにいろいろな例を提示する。
・3〜4人のグループで活動するような設定をする。

●学習のプロセス（全体の時間：であい→ひろがり→ふりかえり）

アイデアを考える

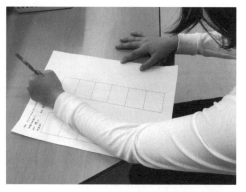

コマコマアニメーションの仕組みを理解した後、グループに分かれ、アイデアを考える。リーダーを中心に必要な係を決める。

アイデアは全員で出し合う。簡単な撮影コンテをかく。ワークシートを活用する。

写真を撮影する

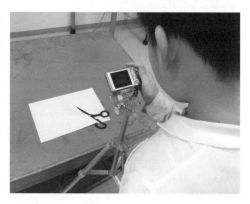

三脚を立て、定点で撮影すると視点がぶれない。背景に余計なものが写り込まないように配慮させる。色画用紙などを敷いてスクリーン代わりにする。動かす対象物は身近にある文房具や人間を利用する方法と、紙粘土や黒板、ホワイトボードを使って、簡単に変化を付けられるものを選ばせる。少しずつ移動させ、気長に撮影させる。撮影したデータは必ずバックアップをとり、教師が管理する。

編集をする

編集ソフトが入ったパソコンで編集作業を行う。Windowsでは「ムービーメーカー」が簡単に編集できる。10では「フォト」で編集できる。児童が扱いやすいソフトがあればそれを利用する。プレゼンテーションソフトに貼り付け動かす方法もある。タブレットコンピュータで撮影した場合は、簡単に編集できるアプリがいくつもある。

鑑賞する

できあがったアニメーションは大型テレビやプロジェクターで投影し鑑賞する。いろいろなパターンの作品を出し合い、鑑賞することにより、児童の視野が広がる。「勝手に審査員」と題して賞を付け合っても面白い。

●学習プロセスの評価（資質や能力が発揮されている場面）

目標　◎動きが連続して見えるアニメーションの仕組みを生かして、楽しい作品をつくる。

評価規準

知識・技能	思考・判断・表現	主体的に学習に取り組む態度
・コマ撮りアニメーションの仕組みを使って、楽しい動きや変化をつくるときの感覚や行為を通して、動きや奥行き、バランスなどを理解している。 ・表現方法に応じてデジタルカメラやタブレットPCを活用するとともに、前学年までの材料や用具についての経験や技能を総合的に生かしたり、表現に適した方法などを組み合わせたりするなどして、表したいことに合わせて表し方を工夫する。	（A表現）動きや奥行き、バランスなどを基に、自分のイメージをもちながら、感じたこと、想像したこと、見たことから、表したいことを見付け、形や色、材料の特徴、構成の美しさなどの感じなどを考えながら、どのように主題を表すかについて考えている。 （B鑑賞）動きや奥行き、バランスなどを基に、自分のイメージをもちながら、自分たちの作品の造形的なよさや美しさ、表現の意図や特徴、表し方の変化などについて、感じ取ったり考えたりし、自分の見方や感じ方を深めている。	つくりだす喜びを味わい、主体的にコマ撮りアニメーションの仕組みを使って、楽しい動きや変化をつくる学習活動に取り組もうとしている。

●学習プロセスの評価のポイント（★指導上の留意点）

身近なものを利用した作品
『消しゴム行進曲』

○文房具は児童にとって1番利用しやすいものであるが、どのようにストーリー展開していくかが鍵となる。この場合は、鉛筆で塗られた画用紙上を消しゴムが動いていき、通った後が消えていくというストーリーである。時間をかければ、消されたあとが絵になっていくという展開が面白い。

紙粘土を利用したクレイアニメーション作品
『雪だるまくん』

○紙粘土は絵の具を混ぜれば色粘土ができる。それを使って、形を成形し主人公とする。これも少しずつ動かし撮影する。アップとルーズを考え画面を構成すると面白い作品ができる。

黒板を使っての作品『それいけチョークくん』

○黒板に簡単な絵をかき、撮影しては消し、またチョークでかく、を繰り返す。ホワイトボードでも応用が利く。植物などをかき、成長する様をかき加えていく方法もある。

人間が主人公となって動く作品『階段で…』

○友だちを主人公として撮影する。うまく撮影すれば人間が絶対できないことができるように見える作品ができる。飛び上がったまま移動したり、壁をすり抜けたり、単純だが面白い動画ができる。

●学習活動と指導上の留意点（教師の提案・学習活動・評価方法など）

時間	教師の提案	学習活動	指導・評価
45分 導入	・児童がつくった動画を見せ、オリジナルのアニメーションをつくることを提案する。	・アニメーションの仕組みを知る。 ・グループで話し合い、係分担やストーリーを考える。 ・リーダー、撮影係、編集係、美術係など必要な係をつくる。ストーリーは全員で考える。	◇主体的に学習に取り組む態度 ・アニメーションの仕組みを理解し、自分たちでオリジナルの作品をつくろうという意欲をもっている。 ★アナログのパラパラ漫画を例に出す。 ★いろいろなパターンの参考作品を見せる。
120分 展開	・見る人側に立って、形。色、配置、角度などを考慮して撮影することを提案する。 ・分かりやすく伝えるために編集をすることを提案する。	・いろいろ試しながら撮影をする。 ・編集ソフトを使ってパソコンで編集をする。	◇知識・技能 ・角度やアップ、ルーズで形や色の伝わり方を考えて撮影している。 ★一人一人の思いを大切にして、全員で取り組めるように声がけをする。 ★カメラの角度や動かし方など、各グループの進行具合を見ながら声がけをする。 ★カメラは定点、撮影する対象物は少しずつ移動させる。 ★背景に余計なものが写らないように配慮させる。色画用紙をスクリーン代わりにしてもよい。 ★写真の撮影枚数は10枚以上など、ある程度制限をかける。枚数が少ないと動きが分かりづらい。 ◇思考・判断・表現 ・写真を動かすスピードで作品の効果を考えている。
15分 まとめ	・みんなの作品を鑑賞することを提案する。 ・片付け	・作品を鑑賞し、作品のよさや面白さについて話し合い、感想や考えを発表する。	◇思考・判断・表現 ◇主体的に学習に取り組む態度 ・自分や友だちの作品のよさや面白さを感じ取り、気付いたことを発表している。

■所感・実践の上でのアドバイスなど

　物事が変化していくありさまを分かりやすく伝えるにはどうすればよいか考えさせる。より思いが伝わるような形や色、ものの配置などをグループで話し合い、アイデアを出し合い、製作していくことを促す。
　写真をつなぎ合わせるだけでアニメーションが自分たちにでもつくりだすことができることを体験させることがこの題材の肝である。編集した作品を見合う中で、いろいろな表現方法があることを知り、アニメーションの面白さを知らせたい。

（有馬佳子）

実践⑭ 立体に表す活動（特別支援学級（学校） 交流及び共同学習）
わたしたちの町へようこそ
～つなげてつくろう ゆめのまち～
小学校5年＋特支高学年／6～8時間

●本題材のねらい
（知識・技能）友だちとイメージを共有しながら、自分なりのイメージに合わせて、段ボールの接合の方法や色の塗り方などの表し方を工夫して表す。
（思考力・判断力・表現力等）友だちと話したことや想像したことから、表したいことを見付け、自分なりにイメージした町の表し方について考える。
（学びに向かう力・人間性等）身近な町並みや自分たちでつくった町の美しさや面白さに気付き、一人一人の多様な思いを集めて一つの町をつくることを楽しむ。

●授業の概要
　子どもたちは、友だちの活動や作品を見たり、友だちと話したりしながら町のイメージを共有し、段ボール箱の加工やつなげ方、並べ方を試すことができる。その際、町をつくるという視点から俯瞰的に、つくったものの形や並べた際の色などを見直し、形や色、材料の特徴、構成の美しさなどを感じ取り、自分のつくった部分と町全体のイメージから得た自分なりの思いに合わせて表し方を考えることができる。また、丈夫で安定した接合の方法やローラーなどの既習の用具を使った表現方法の生かし方を考え、自分なりの思いに合わせて工夫して表すことができる。さらに、自分と友だちの見方や感じ方に共感したり、共有したりしながら、多様な表現を認め合い、友だちと協力して表す喜びを味わいながら、自分の見方や感じ方を深めることができる。

●準備
教師：段ボール箱、ロール紙、段ボールカッター、共同絵の具、ローラー、刷毛、デジタルカメラ、電子黒板、学習プリント（OPP）

◎材料の価値
　段ボール箱は、適度な強度があり、直方体としての構造をもっているため、大きく加工して中に入ったり、つなげたり積んだりしてつくることができ、立体を意識してイメージを膨らませ自分なりの思いに合わせて、表現方法を工夫することができる。

◎町をつくる意義
　交流及び共同学習において、町をつくる題材を設定することで、自然にコミュニケーションをとることを促す。子ども一人一人の思いをつなげて町をつくることで、互いの思いを尊重しながらフラットな関係の中で共生社会を自らつくっていくことの素地を養うことができる。

1．特別支援学級、特別支援学校の子どもの姿

交流及び共同学習を進める際に、子どもの姿を一様に捉えることはできない。視覚障害、聴覚障害、知的障害、肢体不自由、病弱、また、単一あるいは重複障害なのかなど、子ども一人一人の姿は異なる。例えば、知的障害といっても子どもの段階はそれぞれ異なる。このことを十分に踏まえて題材を構想する必要がある。

2．交流及び共同学習における題材構想のポイント

交流及び共同学習では、両校の子どもの実態が異なるため、学習のねらいや時数等を調整する必要がある。また、具体的な支援の方法についても考える必要がある。そこで本実践の題材構想を例として基本的な考え方を示す。

①ねらいについて

小学校のねらいに対し、そのまま交流及び共同学習の授業のねらいとはできない。そこで、特別支援学校の児童のねらいを以下のように設定した。

> ○特別支援学校の児童のねらい
> 児童A：自分のイメージに近付くように工夫して立体で表す。
> 児童B：材料の特性を生かしてイメージしたものを立体で表す。
> 児童C：材料の特性に気付き、切ったり、貼ったり、かいたりする。

また、特別支援学校学習指導要各教科の目標及び内容を踏まえ、児童A、児童Bは2段階ア、児童Cは3段階イを目標とした。

このように、両校の教員がそれぞれの子どもたちのねらいや目標を共通理解することが必要となる。

②指導計画の調整

小学校と特別支援学校では、カリキュラムそのものに違いがある。そこで、交流及び共同学習をどのように位置付けるのかを協議し、両校の学習のねらいの達成のために、指導計画を以下のように調整した。

> 「まちにあるものをつくろう」（全4回うち、小学校教員による授業2回）
> 「ゆめのまちをつくろう」（全10回のうち、交流及び共同学習3回）
> 「まちにしょうたいしょう」（全2回のうち、交流及び共同学習1回）

交流及び共同学習においては、小学校の時間に合わせて、45分間を1時間として行い2時間で1回としている。また、4回目の交流及び共同学習は小学校の休み時間を使って行った。特別支援学校のみの授業は30分で1回としている。また、小学校の教員が特別支援学校で事前に2回授業を行い、実態把握を行った。

③小学校教員による特別支援学校の児童の実態把握

事前に小学校教員が特別支援学校で授業を行った。その際、特別支援学校の子どもたちの「できる」ことに着目し、交流及び共同学習に特別支援学校の子どもたちが主体的に参加するための支援を考えていく。本題材では、以下のように技能や思考の傾向等を捉えた。

児童	知識・技能の実態	思考の傾向
A	5年生と同程度、切断に関してはそれ以上。	屋根の形など立体を捉えつくることができる。
B	5年生と同程度、巧緻性はやや劣る。	バスの形など立体を捉えつくることができる。
C	絵をかくことは5年生と同程度、切断等は個別に支援が必要。	ドアや窓をつくることはできるが、形を立体として捉えない。絵など平面の表現にこだわりあり。

④共通のテーマの設定

両校の指導を結び付けるものとして「つなげてつくろうゆめのまち」という共通のテーマを設定した。「つなげて」という投げかけは、交流での子どもたちの具体的な活動を示すものである。

⑤支援の具体化

より多くの子どもたちが活動しやすい環境を整えることや、必要な情報を得るための提示の方法を多様なものとするための集団指導の視点と、合理的配慮に基づいた支援などの個別指導の視点の両面から支援を具体化する。以下は、本題材での支援の例である。

◎情報へのアクセスの保障（集団指導）

交流及び共同学習において、子どもたち全員の学びを保障するに、めあてやスケジュール、前時の活動の様子、学習プリント、ルールなど、いつでも必要な情報を得ることができ、自分なりの見通しを確認したり、振り返ったりすることができる環境をつくる。

◎交流を促すイメージの可視化（集団指導）

互いのイメージを共有し、交流を促すために、大きな付箋紙を使ったツイートシートを各グループに用意した。思い付いたことを自由に書き込んだり、言葉だけでなく、絵をかいたりしながら、子どもたちがイメージしたことを伝え合う場をつくる。

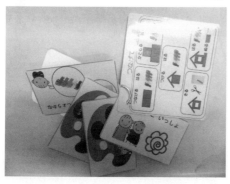

◎やることカード（個別指導：主に児童C）

合理的配慮に基づいて、必要に応じた支援を行う。例えば、やることカードは、自分のしたいことを言語化できない場合に、何をしたいのか、どうしたいのか、どんな材料や用具を使うのかなどを絵で表し、子どもが選べるようにするためのものである。

●学習のプロセス（全体の時間：であい→ひろがり→ふりかえり）

であい

「大きな箱の中に入ったよ」

「この箱、何に見える？」

「つなげて何かできそうだよ」

ひろがり

「お祭りの絵を描いたよ」

「大きな駅をつくろう」

「倒れないように、支えを入れよう」

「お祭りっぽく、カラフルにしよう」

「駅を中心に、都会にしよう」

「次は、田舎の駅をつくろうかな」

「お祭りの雰囲気がいい感じ」

◎交流の側面から

　子どもたちは、箱についてイメージしたことをツイートしたり、試したりして共有していく。そのイメージを具体化する上で、役割分担での製作や協力、教え合い、話し合いなど、同じ目標に向かう学び手としてのフラットな関係が窺える。

ふりかえり

「お友だちをたくさん呼んだよ」

◎共同学習（教科）の側面から

　小学校の子どもだけでなく、特別支援学校の子どもにも、「互いの意図を踏まえてつくるものを考え、形や色、構造などを工夫する」、「話し合いの中で思いを伝えたり、イメージを共有したりしてつくる」、「自分のイメージを絵で伝えたり、他のグループの作品から思い付いたことを絵に表したりする」などの姿が見られ、子どもたちが主体的に学習に参加していたことが窺える。

●学習プロセスの評価（資質や能力が発揮されている場面）

目標	◎友だちと協力して町のイメージを共有しながら、段ボール箱を加工したり、色を塗ったりして、自分なりのイメージをもってつくりたい町をつくる。

評価規準		
知識・技能	思考・判断・表現	主体的に学習に取り組む態度
・協力して、段ボールを使った大きな町をつくるときの感覚や行為を通して、形の感じ、色の感じ、それらの組合せによる感じなどが分かっている。 ・材料や用具を適切に扱うとともに段ボールや段ボールカッター、絵の具やクラフトテープなどついての経験を生かし、手や体全体を十分に働かせ、表したいことに合わせて表し方を工夫して表している。	（A表現）形の感じ、色の感じ、それらの組合せによる感じを基に、自分のイメージをもちながら、みんなで過ごしたい町の様子を想像したことから、表したいことを見付け、表したいことを考え、形や色、材料などを生かしながら、どのように表すかについて考えている。 （B鑑賞）形の感じ、色の感じ、それらの組合せによる感じを基に、自分のイメージをもちながら、自分たちの作品の造形的なよさや面白さ、表したいこと、いろいろな表し方などについて、感じ取ったり考えたりし、自分の見方や感じ方を広げている。	つくりだす喜びを味わい、進んで協力して、段ボールを使った大きな町をつくる学習活動に取り組もうとしている。

●学習プロセスの評価のポイント（★指導上の留意点）

○段ボール箱に触れ、自分たちのつくりたい町をイメージして話し合ったり、表し方を考えて絵にしたりしている姿を見取る。
★イメージを共有するためのツイートを促す。話し言葉で思い付いたまま書いたり、絵でかいたりして、児童の思考が形になるように配慮する。

○自分たちの思い描いた形になるように、材料や接着方法を選んだり、色を塗ったりして、試している姿を見取る。
★材料や用具を置く場所や、用具の数などを配慮することで、自然に手を止めて見直したり、他のグループの様子を見たりすることを促す。

○材料の並べ方や形や色などの造形的な特徴からつくり方を見直したり、新たな思いや感じたことなどを伝え合ったりしている姿を見取る。
★単位時間ごとに自己評価を行い、自分の学びの課程を記録しておく学習プリントを用意する。

○つくった町並みを歩いたり、他学年の児童を招待して紹介したりして、形や色の美しさや表し方の工夫を感じ取り、楽しんでいる姿を見取る。
★ロール紙を用意して道をつくったり、町並みの配置を考えたりすることで、「自分たちが思い描く町」を「つくりあげた」ことを実感させる。

● 学習活動と指導上の留意点（教師の提案・学習活動・評価方法など）

時間	教師の提案	学習活動	指導・評価
45分 導入	・積まれた段ボール箱を重ね直したり、箱の中に入ったりしながらつくりたい町を思い描く。 ・「ここにみんなで楽しい町をつくろう。どんな建物やものがある町をつくりたいかな」	・つくりたいと思う建物や、その形や色について話し合ってアイデアを出し合いながら、自分たちのつくりたい町を思い描く。	★自分たちのつくりたい町のイメージをもつことができるよう、道に見立てたロール紙の周りに段ボール箱を配置して、その間を自由に歩く活動を設定する。 ◇思考・判断・表現 ・感じたことや気付いたこと、つくりたいものについて友だちと話したり、一緒につくる友だちを探したり、思い付いたことを付箋に書いたりしている。（*行動・発言・学習プリント）
180〜225分 展開	・段ボール箱の加工やつくった建物などのつなげ方を工夫して町をつくる。 ・「段ボール箱を使ってつくり方やつなげ方、並べ方を工夫して、みんなでイメージに合う町をつくろう」	・友だちと協力して、段ボール箱を加工したり、色を塗ったりして自分なりの思いに合わせて建物をつくったり、つながりを試行錯誤しながら並べたりして町をつくる。	★友だちと一緒につくったり、並べたりして、町のイメージを広げながらつくり方を工夫することができるよう、並べながらつくる場を設定する。 ◇知識・技能 ・町を意識して自分や友だちのつくったものを並べて見直し、形や色について話したことや付箋に書いたことを基に、つくり直したり、並べ替えたりしている。（*行動・発言・作品・学習プリント）
45〜90分 まとめ	・つくった町の中を歩いたり、紹介し合ったりして、友だちの作品のよさや工夫、つくった町並みのよさや美しさに気付く。 ・「みんなのつくった町に友だちを招待してみんなで散歩しよう」 ・片付け	・つくった町を歩いたり、建物をのぞいたりしながら、形や色の面白さや、つながりや意図について友だちと話し合う。	★多様な見方や感じ方に気付き、感じたことを基に、協力して思いを形や色で表す楽しさに気付くことができるよう、つくった町で遊びながら振り返る活動を設定する。 ◇主体的に学習に取り組む態度（鑑賞含む） ・自分や友だちの作品を見て楽しみながら、多様な表現の意図や作品のよさ、美しさについて、造形的な特徴を基に話したり、記述したりしている。（*発言・作品・学習プリント）

■ 所感・実践の上でのアドバイスなど

　段ボール箱や共用絵の具などを十分に用意し、子どもたちが考えたつくり方を試すことができるようにする。また、つながりを意識できるよう、つくったものを教室の周りから少し離れて見る時間を設定する。

　また、交流及び共同学習を進めるにあたり、小学校、特別支援学校で綿密な打ち合わせを行い、指導案を作成する。指導案を作成することは、両校の教員が指導観を共有することにつながる。図画工作科は、子ども一人一人の思いを追求することができる。思いを追求するという目的を共有し、だれもが参加できる図画工作には、交流及び共同学習の大きな可能性があると考える。

（中原靖友）

実践⑮ 絵に表す活動（他教科との連携）
詩からはじまる

6年／6時間

●本題材のねらい
○感性や想像力を働かせながら複数の詩を読み味わい、その中から特に心が動いた詩の情景や、詩から思い描いたことを絵に表す。
○材料や用具などの経験や技能を生かし、表したいことに合わせて表し方を工夫する。

●授業の概要
　本題材は詩から思い描いたイメージを絵に表す造形活動である。詩は少ない言葉の中にも豊かなイメージの世界を思い浮かべることができる。まず複数の詩を読み味わう活動を題材の初めに行う。国語科の授業で、詩の中の言葉や構成を手掛かりに作者が伝えようとしていたことを読み味わってきた経験を生かし、それぞれの詩を自分なりに読んでいく。その中で特に気に入った詩や、表したいと強く感じた詩など一つを選び、次の表現する活動へとつなげる。イメージを表す活動では、6年生という段階を踏まえ、それまでに用いたことのある複数の描画材や紙などを用意し、自分のイメージに合わせてそれらを活用する姿を引き出していくようにしている。

●準備
教師：白画用紙、和紙、厚紙、パステル、ポスターカラーなど
児童：水彩絵の具、パスなど

◎詩の世界を読み味わう
　本題材では複数の詩を提示し、比較しながら読んでいくことで「特にこの詩から感じたイメージを表したい」という思いをしっかりともてるようにしていく。また、詩を読む際には一人でじっくり読んだり、友だちと一緒に感じたことを話しながら読んだりするなど、自分なりの読み方や、味わい方を大切にさせる。

◎経験や技能を生かして表す
　6年生の後半に行う題材である。子どもはそれまでに様々な描画材や用具、表し方などを経験し身に付けてきている。それらを子ども自身が引き出したり活用したりできるように、共用の材料コーナーを設定し、選択して用いるようにする。

●国語科での学びを図工の表現に生かす

　小学校の国語科の学習では主に「読むこと」の領域の学習として、低学年の頃から詩に親しんでいる。その中で子どもたちは、感動やユーモア、安らぎなどを生み出す優れた叙述や比喩などによる暗示性の高い表現に着目しながら、場面の様子や人物の気持ちや情景などを想像して読んだり、作者のメッセージを意識して読んだりしてきている。また、複数のものを読み比べて感想を述べ合ったり、自分で表したいイメージを思い浮かべながら詩をつくったりしてきた経験もある。

　そのような学びの経験は、図画工作科の学習にも生かすことが可能である。詩は短く少ない言葉で表現されているからこそ、子どもは自分自身の経験とつなげたり、想像を膨らませたりしながら、思い思いに詩の世界を思い浮かべイメージすることができる。国語科の学習で詩を読み味わってきたことを生かし、図画工作科の学習では詩から思い描いた個々の豊かなイメージを、自分なりの表し方で工夫して表すという子どもの姿を引き出していく。

　本題材は6年生の学習として設定し、情景やメッセージを具体的に捉えやすいと思われる詩と、やや抽象的で簡単にはイメージが浮かばないであろうと思われる詩を混ぜて提示している。これは、子どもの読みの力は個々に異なるものであり、どの子どもも詩をそれぞれに読み味わうことができるようにするためである。

　なお、詩を選ぶ際には、具体的なイメージを思い浮かべやすいものだけにしないようにしたい。具体的に思い浮かべやすいということはだれもが同じようなイメージをもつということでもあると同時に、ある場面や情景をただ写実的に表現するだけになってしまうことになりかねない。あくまでも、詩から豊かに想像を広げ、個々の表し方を追求できる学習していくことが大切である。

　本題材で提示した詩は以下の7つである。

1．「てがみ」　寺山修司

2．「よるのにおい」（こぎつね　しゅうじ）　工藤直子

3．「春の海の雨」　草野天平

4．「水と風と子ども」　中原中也

5．「窓」　新美南吉

6．「えがお」（いけしずこ）　工藤直子

7．「わらい」　金子みすゞ

●詩から思い描いたことを"図工の言葉（形・色）"で表す

　複数の詩を読み味わう際、詩の中の叙述などから思い浮かべたことなどを言葉でメモしたり、絵をかいたりできるようにする。図画工作科の学習だからこそ、思い描いた情景やイメージを形や色でかいたりしながらさらに想像を膨らませていくことを大切にしたい。

　本題材ではそれぞれの詩が記してある紙とともに、思ったことを自由に書くことのできる用紙も用い、自分のイメージを膨らませたり、明確なものにしたりしていくようにしている。

◎「てがみ」を選んだ子どものメモ
＜意味＞
・小さな動物にもメッセージがあって生まれてきた。
・命には産んだ人の思いがある
＜イメージや雰囲気＞
・星がたくさんあって神秘的なイメージ
・キラキラした青い海
　　　　↓
＜色＞
　・濃い黒っぽい青
　・端にいくにつれて水色のような雰囲気

◎「よるのにおい」を選んだ子ども①
　詩の中に登場するこぎつねの様子を思い浮かべ、姿勢や位置関係などを何通りも絵にかきながら情景をイメージしている。

◎「よるのにおい」を選んだ子ども②
　「秋から冬への移り変わりがよく分かる。きっと冬眠に入るのだろう。」とイメージした。その雰囲気に合う色合いを試しながら考えている。

●学習のプロセス（全体の時間：であい→ひろがり→ふりかえり）

詩を読み味わう

　提示した7つの詩と出会い、一人で読んだり、友だちと考えたことを交流したりしながら、それぞれの詩が表すイメージを読み味わう。その中から、特に自分が気に入った詩や、表したいと強く思うイメージの詩を一つ選ぶ。

試しながらイメージを広げる

　パステルや水彩絵の具などこれまでに用いたことのある描画材を使い、自分の表したいイメージに合いそうな表し方をいろいろと試していく。形や色の感じとイメージとのつながりを感じながら、自分なりの表現の主題をはっきりさせていく。

表し方を追究する

　自分の表したいことがよりよく表れるよう、表現すること・伝わり方を見て感じることを行き来しながら進めていく。左の児童は2種類の表し方を試し、どちらがより自分の思いが伝わるかを比べた結果、よりよいと思う方を選択するなど、自分の表現を追求する姿が見られた。右の児童は思い描いた情景の雰囲気がより表れるように、重ねる色の感じや濃さなどを調節したり、筆の使い方を工夫しながら表現したりしている。

●**学習プロセスの評価（資質や能力が発揮されている場面）**

目標	◎詩から思い描いた情景やイメージを基に表したいことを想像したり表し方を構想したりし、材料や用具などの経験や技能などを生かしながら工夫して表す。

評価規準		
知識・技能	思考・判断・表現	主体的に学習に取り組む態度
・詩に触れて、想像したことを表すときの感覚や行為を通して、動き、奥行き、バランス、色の鮮やかさなどを理解している。 ・表現方法に応じて材料や用具を活用するとともに、水彩絵の具や描画材などについての経験や技能を総合的に生かしたり、表現に適した方法などを組み合わせたりするなどして、表したいことに合わせて表し方を工夫する。	（A表現）動き、奥行き、バランス、色の鮮やかさなどを基に、自分のイメージをもちながら、詩から感じたことや想像したことから、表したいことを見付け、形や色、材料の特徴、構成の美しさなどの感じなどを考えながら、どのように主題を表すかについて考えている。 （B鑑賞）動き、奥行き、バランス、色の鮮やかさなどを基に、自分のイメージをもちながら、自分たちの作品の造形的なよさや美しさ、表現の意図や特徴、表し方の変化などについて、感じ取ったり考えたりし、自分の見方や感じ方を深めている。	つくりだす喜びを味わい、主体的に詩に触れて、想像したことを絵に表す学習活動に取り組もうとしている。

●**学習プロセスの評価のポイント（★指導上の留意点）**

○パステルで色の組合せやぼかし方を何種類も試し、その中のどれが自分のイメージに合いそうかを考えている。
★子どもはこのような試し的な行為を通して色の感じを捉えたり、表したいイメージをより確かにしたりしていく。「これにしよう」と決定した際にはどのような思いでそれを選択したのかを聞いていくようにしたい。

○粉末の感じを残しながら固まるようにと考え、白のポスターカラーでかいたばかりの線の上に、パステルを削ってのせている。
★ポスターカラーやパステルなどそれぞれの描画材の特徴を生かし、自分のイメージに近付けようと使い方を工夫している。高学年ではこのような「活用」している姿に着目し認めていきたい。

○途中まで表現した作品と選んだ詩を見比べている子ども。
★子どもは表現の途中で一旦立ち止まり、表したものを見つめながら、もう一度自分の表したいことや方向性を確かめたり再考したりすることがある。感じることと考えることを繰り返す中で、構想を膨らませている姿として認め、対話しながらその中身を見取っていきたい。

○立体的に迫ってくる距離感を出そうと、用紙を折り重ねたり、色の濃さを調節したりしながら表している子ども。
★子どもは必要に応じて用紙など材料の使い方などを自分なりに工夫していく。それまでの経験を生かしながら意図をもって工夫している姿を見取っていく。

●学習活動と指導上の留意点（教師の提案・学習活動・評価方法など）

時間	教師の提案	学習活動	指導・評価
45〜60分 導入	・「詩の情景を思い浮かべながら、それを基に表してみたいと思う詩を一つ選び表す」ことを提案する。 ・思い描いたイメージを言葉で書いたり、描画材を用いて表してみたりしながら考えていくことを促す。	・図工室に掲示された複数の詩を読み味わいながら、思い描いた情景やイメージなどをメモしたり、友だちと話したりする。 ・一つの詩を選び、描画材を用いて試したり、感じたことを話したりしながら、表したいイメージや表し方を考える。	◇思考・判断・表現 ・詩の中の言葉や表現から想像を膨らませたり、描画材を用いて表してみた形や色の感じとつなげて考えたりしながら、表したいことのイメージを考えている。
150〜180分 展開	・「材料や用具の用い方を工夫しながら、自分のイメージを表していく」ことを提案する。 ・共用の材料や用具は図工室中央に集め、自由に用いることができるようにする。	・複数種類の描画材や用具から自分のイメージに合いそうなものを選び、表し方を試しながら表現する。 ・表現している途中で感じたことや考えたことを友だちと話したり、メモしたことを振り返ったりしながら、表したいイメージや表し方をさらに考える。	◇思考・判断・表現 ・表してみた形や色の感じからより自分の表したいイメージに合うような表し方を考えている。 ◇知識・技能 ・表してみた形や色の感じに造形的な美しさやよさを感じている。 ・経験したことを生かしながらイメージに合わせて描画材や用具の使い方を工夫している。
15分 まとめ	・表現のよさや工夫したことなどを振り返り、作品のタイトルを考える。	・互いの表現のよさを話し合ったり、題材を通してメモしたことや試したものなどを見直したりしながら振り返る。	◇思考・判断・表現 ◇知識・技能 ・表現の造形的な特徴やよさなどを感じ取ったり、イメージとのつながりを考えたりしている。

■所感・実践の上でのアドバイスなど

　高学年の子どもであっても、表すことと感じることを常に往復しながら表現を追求していく様子がよく見られる。そのような姿を引き出していくことができるような環境構成（意図に応じた試し的な表現を保証する材料や用具の設定、見たり話したりしながら考えを深めていくことのできるような場の構成など）を大切にしていきたい。

（中村珠世）

第7章 図画工作科における評価

1. カリキュラムの四つの要素—「目標・内容・方法・評価」

「カリキュラム」は、子どもの成長と発達に必要な資料を教育的に計画し組織したものである。学習指導案（第5章）も、たとえ授業1時間分といえども、教育的に計画された小さなカリキュラムといえる。教育カリキュラムには四つの要素、目標、内容、方法、そして評価が必要とされる。

例えば、1年生で「好きなものを絵にかく」という授業を考えてみよう。好きなものを絵にかく（何をするか＝内容）、1時間でクレヨンを使って八つ切り画用紙にかく（どのようにするか＝方法）は決まった。これだけで子どもは活動を始めることができるが、学習指導案としてはまだ足りない。何のためにその活動をするのかという「目標」がいる。好きなものをかいて、その絵を見せ合って子ども同士でコミュニケーションをするため、または、クレヨンの使い方に慣れるため、で目標は違うこともある。これで、目標、内容、方法は確定したが、指導案には、もう一つ必要である。それは、目標が達成されたどうかをチェックする「評価」である。どんな授業でも、その授業での子どもの学習成果を確認したり、指導の方法を見直したり、カリキュラム自体を見直したりするために、この「評価」の要素を欠かすことはできない。これらの目標、内容、方法、評価の要素が互いに連動してうまくまとまったものが優れたカリキュラムといえよう。

2. 評価の分類

評価にもいろいろな形がある。「何を評価するか」、「どのように評価するのか」、「何のために評価をするのか」という評価の対象、方法、目的の諸観点から見てみよう。（表1）

● 表1 評価の分類

何を、評価するか		教育目標を達成したか→子どもの学習成果の検証
		学習成果の検証→指導の評価（題材設定や指導方法、カリキュラムなどの見直し）
どのように、評価するか	①相対評価	クラスや学年の集団における子どもの相対的な位置を評価する
	②絶対評価	教師の経験則による主観的な判断、または個人内評価など
		教育目標を設定しそれに準拠して学習成果の達成度を評価する
何のために、評価するか	①診断的評価	授業前にアンケートや質問をして子どもの知識や技能を確認する
	②形成的評価	授業の途中で目標達成の方向へと導くための評価・指導
	③総括的評価	授業全体を通しての目標の達成度の評価（評定の基になる）

○何を評価するか（評価の対象）

授業で評価するものは、子どもの学習成果だけでなく、教師の指導の仕方、題材が子どもの発達段階や学習経験に合っているかどうかの検証も教育評価には含まれる。ただ、ここでは「子どもが何を学んだか」という学習成果を評価することに限定していく。

○どのように評価するのか（評価の方法）

①相対評価

テストの得点で上位の5％を「5」、下位の5％を「1」と「評定」する例などがある。わが国では、平成になって「新しい学力観」が提唱され、相対評価から絶対評価（目標に準拠した評価）へと転換した。

②絶対評価

「目標に準拠した評価」には、わが国で行われている観点別に学習状況を評価する例がある。また、後述するように、他人との比較や目標に達したかどうかではなく、一人の子どもの独自性を評価の規準とする「個人内評価」も絶対評価の一つである。

○何のために評価するか（評価の目的・機能）

評価の目的は、授業の目標が実現できたかどうかを確かめることであるが、機能的にはいくつかのステップに分けられる。

①診断的評価（事前アンケートなどを基に）

水彩絵の具を使う授業の前に混色の知識を確かめるために、青と黄を混ぜると何色になるかというアンケートをして、その結果を指導案作成の参考にする例などがある。

②形成的評価（授業中の質問や子どものつぶやき、発表などを基に）

授業の中で、発想ができないある子どもの実態を評価し、アイデアに結び付く質問をするなど、子どもが一歩を進めるための助言をするなど、その場で子どもに返す評価であり、ここでは評価と指導とは一体化している。形成的（フォーマティヴ）という語には、造形的とか人格形成という意味があり、目標に沿って少しずつ形になるように粘土を付けていくプロセスのイメージである。

③総括的評価（作品、学期全体の総合評価、評定）

一つの授業や題材、または学期の終わりなどに、全体を通しての目標への達成度を総括的に評価する。この評価も次の題材や学期に向けての指導になる。

3. 評価の観点

授業では、目標と評価を対応させる必要がある。図画工作科の大きな目標は、学習指導要領で「表現及び鑑賞の活動を通して、造形的な見方・考え方を働かせ、生活や社会の中の形や色などと豊かに関わる資質・能力を次のとおり育成することを目指す」とされ、表現活動の過程で育まれる創造力などの資質・能力の育成をより重視する。目標に掲げられた資質・能力は、次の(1)～(3)である。

(1) 対象や事象を捉える造形的な視点について自分の感覚や行為を通して理解するとともに、材料や用具を使い、表し方などを工夫して、創造的につくったり表したりすることができるようにする。→「知識及び技能」の観点

(2) 造形的なよさや美しさ、表したいこと、表し方などについて考え、創造的に発想や構想をしたり、作品などに対する自分の見方や感じ方を深めたりすることができるようにする。→「思考力、判断力、表現力等」の観点

(3) つくりだす喜びを味わうとともに、感性を育み、楽しく豊かな生活を創造しようとする態度を養い、豊かな情操を培う。→「学びに向かう力、人間性等」の観点

それらと評価の3観点と対応関係をまとめると表2のようになる。

● 表2　学習指導要領の「目標」と「評価の観点」

目標（3つの柱）	説明	評価の3観点
(1) 知識及び技能	何を理解し何ができるか	知識・技能
(2) 思考力、判断力、表現力等	理解していること・できることをどう使うか	思考・判断・表現
(3) 学びに向かう力、人間性等	どのように社会や世界と関わり、よりよい人生を送るか	主体的に学習に取り組む態度
	個人内評価 ― 感性、思いやり、情操など（観点になじまない評価）	

目標の3項目と評価の3観点が対応することで、「教育目標を設定しそれに準拠して学習成果の達成度を評価する」ことになる。その3観点から、児童の学習の実現状況を評価することを「観点別評価」という。その際、「十分満足できる」状況と判断されるものをA、「おおむね満足できる」状況と判断されるものをB、「努力を要する」状況と判断されるものをCのように区別して「評定」する。Cと判断された場合は、その状況を指導によって改善しB以上にしていく努力が教師に求められる。「評定」は、「評価」を基に、ある尺度によって、順位を付けたりして序列化すること（グレーディング）である。

図画工作科では子どもの発達（学年の進行）に応じて、目標や内容は、第1～2学年、第3～4学年、第5～6学年の(低・中・高)の3段階で示される。同様に「評価の観点」も、表3のように全体の「趣旨」と学年別（低・中・高）で示される（2019年3月文科省通達）。表3からは、「知識」では、低・中・高で「気付く→分かる→理解する」、「思考・判断・表現」

では、同様に「楽しく→豊かに→創造的に」発想や構想をするなど、評価の対象が、より高度な洗練されたものになっていくことが分かる。

●表3　「評価の3観点」の趣旨と学年別内容

観点	知識・技能	思考・判断・表現	主体的に学習に取り組む態度
趣旨	・対象や事象を捉える造形的な視点について自分の感覚や行為を通して理解している。 ・材料や用具を使い、表し方などを工夫して、創造的につくったり表したりしている。	形や色などの造形的な特徴を基に、自分のイメージをもちながら、造形的なよさや美しさ、表したいこと、表し方などについて考えるとともに、創造的に発想や構想をしたり、作品などに対する自分の見方や感じ方を深めたりしている。	つくりだす喜びを味わい主体的に表現及び鑑賞の学習活動に取り組もうとしている。
第1〜2学年	・対象や事象を捉える造形的な視点について自分の感覚や行為を通して気付いている。 ・手や体全体の感覚などを働かせ材料や用具を使い、表し方などを工夫して、創造的につくったり表したりしている。	形や色などを基に、自分のイメージをもちながら、造形的な面白さや楽しさ、表したいこと、表し方などについて考えるとともに、楽しく発想や構想をしたり、身の回りの作品などから自分の見方や感じ方を広げたりしている。	つくりだす喜びを味わい楽しく表現したり鑑賞したりする学習活動に取り組もうとしている。
第3〜4学年	・対象や事象を捉える造形的な視点について自分の感覚や行為を通して分かっている。 ・手や体全体を十分に働かせ材料や用具を使い、表し方などを工夫して、創造的につくったり表したりしている。	形や色などの感じを基に、自分のイメージをもちながら、造形的なよさや面白さ、表したいこと、表し方などについて考えるとともに、豊かに発想や構想をしたり、身近にある作品などから自分の見方や感じ方を広げたりしている。	つくりだす喜びを味わい進んで表現したり鑑賞したりする学習活動に取り組もうとしている。
第5〜6学年	・対象や事象を捉える造形的な視点について自分の感覚や行為を通して理解している。 ・材料や用具を活用し、表し方などを工夫して、創造的につくったり表したりしている。	形や色などの造形的な特徴を基に、自分のイメージをもちながら、造形的なよさや美しさ、表したいこと、表し方などについて考えるとともに、創造的に発想や構想をしたり、親しみのある作品などから自分の見方や感じ方を深めたりしている。	つくりだす喜びを味わい主体的に表現したり鑑賞したりする学習活動に取り組もうとしている。

ただ、図画工作科での、全ての活動や題材に3観点を適用していくのは現実的とはいえない。学習指導要領に示された「表現」や「鑑賞」における「内容のまとまりごと」に評価の観点を設定し、それらを重点的に適用していくことが必要である。学習活動の「内容の事項」と評価の3観点との対応を示したのが表4である。

●表4　学習指導要領の「内容」と「評価の観点」

内容		「内容の事項」の概要	評価の観点
表現（1）	ア	造形遊びを通して育成する「思考力、判断力、表現力等」	思考・判断・表現
	イ	絵や立体、工作に表す活動を通して育成する「思考力、判断力、表現力等」	
表現（2）	ア	造形遊びを通して育成する「技能」	技能
	イ	絵や立体、工作に表す活動を通して育成する「技能」	
鑑賞	ア	鑑賞する活動を通して育成する「思考力、判断力、表現力等」	思考・判断・表現
〔共通事項〕	ア	表現と鑑賞の活動を通して育成する「知識」	知識
	イ	表現と鑑賞の活動を通して育成する「思考力・判断力・表現等」	思考・判断・表現

4. 評価の3観点の趣旨と内容の事例

「知識・技能」、「思考・判断・表現」、「主体的に学習に取り組む態度」という評価の3観点は、全ての教科に共通している。表3に示された図画工作科における評価の3観点の趣旨とその事例を検討してみよう。

○「知識・技能」

「知識」は、クイズ番組で披露される雑学的な物知りの知識、生活に役立つ豆知識など、様々である。図画工作科での「知識」は、〔共通事項〕アで示された、形や色を扱う実際の状況（コンテクスト）において、「自分の感覚や行為を通して」知覚され理解され獲得された能動的知識（active knowledge）を重視している。材料や用具を扱う中で、自分の実感や身体を通して身に付けた「身体知」［コラム参照］を重視している。

ブランコから落ちた子どもに、先生がその子にブランコの鎖を握らせてその上から先生の手を重ねてギュッと押さえて「しっかりと握ってないとダメ！」と言われた後で、その子は手を大きく強調してブランコに座っている自分をかいた。また、砂の上で裸足になって相撲をとった子どもが、それまで黒丸の図式でかいていた足を、指のある足としてかいた例もある（45頁参照）。

「技能」は「表現（2）」の内容で示された「表現方法に応じて材料・用具を活用する」ことで、実際の行為（パフォーマンス）を見て評価する。木材で本箱をつくるとき、直線で切った板を組み合わせれば基本形はできるが、背もたれの部分を曲線で円くカットしたいと思い電動糸のこぎりを使う場合を考えてみよう。直線切りで経験したように、顔をのこぎりの刃の延長線上に置き、電動糸のこぎりでは刃の向きに合わせて板を押さえながらゆっくりと回転させる技能が求められる。慣れれば「コツをつかむ」ことができる。こうした「コツ」が、子どもが経験によって獲得した技能となり、次の活動の資質ともなる。

ただ、知識と技能とが「知識・技能」と同じ評価の観点になっているのには訳がある。混色を例にすると、青色と黄色を混色すれば緑色になるという混色の知識は、実際に絵の具を混ぜて緑色をつくることで技能となる。教師に「青色と黄色の絵の具を混ぜると、どんな色になりますか？」と聞かれて「緑色」と答えた子どもが、緑あふれる5月の写生大会で、若葉の美しさに感動し、青色と黄色の絵の具を混色して思い通りの若葉の色をつくることができた。その場合、その評価の対象は、知識か技能かと分けて考える必要はなく「知識・技能」として評価することになる。図画工作科での「知識」は、「技能」として実際に活用される場面と切り離して評価することができないことが多い。

資質・能力を育てるという観点からいえば、子どものもつ資質が状況に対応できる可能

性だとしたら、能力は、資質が現実に状況に対応したことで獲得された力であり、次の新しい状況への対応では、その能力も資質として働くようになる。評価の観点としての「知識・技能」の関係も、この「資質・能力」と同様に、相互に働き合う中で、高め合い深め合っていくといえよう。しかし、「頭で分かっていても、身体が付いて来ない」こともある。「こうすればできる」と知っていることと「こうしたらできた」と実証することの違いは大きい。必要に応じて、知識と技能とを分けて評価の対象とすることもある。

　ただ、「用具を意図に応じて安全・適切に使うことができる」技能では、怪我をしないために道具の正しい使い方などの基本的な知識は、事前に教えておく必要がある。きり(錐)は手で押して穴をあけるのではなく回転させて穴をあけるとか、カッターナイフの刃先の向かう方向に手を置かないとか、電動糸のこぎりの刃を替えるときは必ず電源スイッチを切るなどの安全性に関する知識は、経験する前に必要である。

○「思考・判断・表現」
　「思考・判断・表現」に関する評価の観点は、教科目標(2)の「造形的なよさや美しさ、表したいこと、表し方などについて考え、創造的に発想や構想をしたり、作品などに対する自分の見方や感じ方を深めたりすることができるようにする」に対応し、知識や技能を活用して、自分の発想や構想を実現するために、思考・判断・表現できる能力を評価するものである。活動内容では、「表現(1)」の造形遊びと絵や立体、工作に、「鑑賞」では「自分の見方や感じ方」を発展させることに、〔共通事項〕イでは「自分のイメージをもつこと」に対応する観点で、広く創造力を対象とする観点といえよう。

　目標での「思考力、判断力、表現力」が、評価の観点では「思考・判断・表現」になって「力」が抜けているのは、この題材は「思考力」を育てる、あの題材は「判断力」を育てるというように個別の能力を単独で評価するのではなく、思考・判断・表現するプロセス全体の一貫性を、創造的な能力として評価するためといえよう。授業中の子どもの姿から、思考力とか判断力を分析・抽出することは難しいし教育的な意味もない。プロセスの節目で目標に沿って、評価＝指導していく「形成的評価」がこの観点にはふさわしい。

　造形遊びに見られるように、材料を触っているうちにつくりたいものを思い付いて、つくるための見通しを立て、つくり始めて、途中で別のアイデアを思い付き、どっちにするかを判断し、新しいアイデアで進めてみたがうまくいかずに、前のアイデアに戻ったりするプロセスを通して、見方や感じ方を広げ、新たな状況に対しても柔軟に取り組んでいく場合を考えてみよう。この授業が１時間だけで、怪我をするような用具も使わない場合は、技能よりも、発想・構想し、それを現実の形にするプロセスで何を学ぶかが評価の対象となる。その場合、学習指導案での評価の観点は、「自分の感覚や行為を通して知った材料

の形や色を生かしてイメージしたものをどのように表すか考えている」という記述になる。

「飛び出すカード」の題材でも、最初に開くと立ち上がる基本形の動きだけを見せて、「この形から何かできるかな」と投げかける場合と、完成作品を見せて「この仕組みはどうなっているかな」と投げかける場合とでは、前者は「表したいもの」を思い付かせる、後者は「表し方」を思い付かせることが目標となるが、いずれも、思考・判断・表現する総合的なプロセスが評価の対象となる点で共通している。

鑑賞活動でも、思考・判断・表現する観点から、作品の「正しい」見方を受け入れる受動的な態度から、作品を鑑賞して思い付いたイメージや考えた解釈を、友だちに話したり、友だちの感想を聞いたりして、他者とのコミュニケーションを通して多様な作品の見方を知ることで、「自分の感じ方や見方を広げること」が評価される。「イメージとは児童が心の中につくりだす像や全体的な感じ、または、心に思い浮かべる情景や姿などのことである」（学習指導要領解説）とするなら、イメージをもち伝え合い共有することは、表現と鑑賞とに共通する活動であり、表現と鑑賞との一体化を評価の対象とすることもできる。

評価の手立てとしては、思考・判断・表現するプロセスにおいて、子どもが頭にどんなイメージをもっているかは外からは観察できない。子ども自身が、そのイメージが明確になるように、アイデアスケッチで表したり学習カードに記述したりするようにし、教師も授業中の様子をデジカメで撮影したり、児童の発話を記録して、評価の資料とする。

○「主体的に学習に取り組む態度」

「主体的に学習に取り組む態度」とは、生涯学習社会において、他人から強制されなくても、自主的に学習を続けていこうとする態度といえる。現実に「取り組もうとしている」態度を評価することで、子どもがその態度を、将来にわたってもち続けるように指導していくことも求められている。例えば、教室での複製図版による作品鑑賞が、本物を見たいという意欲を子どもにもたせ、成人してからも美術館に出かけて鑑賞を楽しむことができるように、将来の、よりよい可能性を評価することでもある。可能性を見ようとする評価の観点は、長期的なスパンで教育を考えるきっかけにもなる。

5. 「学びに向かう力」の個人内評価について

なお、「学びに向かう力、人間性等」の評価においては、観点別学習状況や評定にはなじまず、こうした評価では示しきれないことから、個人内評価を通じて見取る部分があることに留意する必要があるとされている。個人内評価は、規準に準拠した観点ではなく、その子どもだけの評価の観点を適用することである。粘土の触感がいやで触ることのなかっ

た子どもが、初めて粘土をまるめたとき、他の子どもにとっては当たり前のことができただけであるが、その子どもにとっては大きな前進として評価するのが個人内評価の例である。障害のある子どもなど多様な子どもが同じ教室で学ぶ機会が増えているが、一人一人の感性を大切にする図画工作では、この評価方法を有効に使いたい。

評価の手立てとしては、子どもの作品（写真）や教師のコメント、学習カードなどを保存して個人別のファイルにまとめたポートフォリオを活用することができる。教師の評価の手立てとしてだけでなく、子ども自身がそれを見て、自分の過去の学習の記録を振り返ることで、新たな活動へのヒントを得ることもできる。

6. 評価のタイミングなど

目標と対応した評価の観点は、授業で前もって、子どもにも分かるような言葉で伝えておき、その活動を通してどんな力を発揮していけばいいのかをイメージさせることも、ときには必要である。また、評価のための記録については、「知識・技能」と「思考・判断・表現」については、原則として題材のまとまりごとに、それぞれの実現状況が把握できる段階で行うようにする。「主体的に活動に取り組む態度」の評価は、取り組みへの意欲は題材ごととしても、その意欲が持続的に取り組む態度として形成されていくかを見取るために学期全体や年間などの長期的なスパンで行うことも必要である。

---

column 「身体知」

一度、自転車に乗ることを覚えれば、頭で手順を考えなくても、数年乗らなくても、すぐに乗れるようになる。言葉による知識ではなく、身体が覚えていた知識だからである。身体知とは、身体を動かすことで、「このように身体を動かしたいときには、こうすればよい」とか「このように身体を動かすとこのような感覚が生まれる」といった、身体を動かすことに関するコツのような知識である。用具や材料を扱う図画工作での「知識」も、こうした身体・感覚的な経験を通して学習していくものと考えられる。

＊参考文献
- 安藤花恵「身体知―習熟と伝承」
  三浦佳代 編『現代の認知心理学①知覚と感性』北大路書房、2010（平成22）所収

（藤江　充）

第 **8** 章 図画工作科での材料・用具・技法

　平成29年告示の学習指導要領の改訂を受け、各教科の評価の観点が「知識・技能」「思考・判断・表現」「主体的に学習に取り組む態度」とされた。図画工作科における「知識・技能」については、「対象や事象を捉える造形的な視点について自分の感覚や行為を通して理解するとともに、材料や用具を使い、表し方などを工夫して、創造的につくったり表したりすることができるようにする。」という趣旨の内容が挙げられている。ここに示されている「材料や用具を使い」とか「表し方などを工夫」することに必要なのは「材料」であり「用具」であり「技法」であると捉えることができるだろう。児童はこれらを用いた活動を通して、学習指導要領の目標でもある「思考力、判断力、表現力等」を発揮し「主体的に学習に取り組む態度」が培われ、「学びに向かう力、人間性等」を獲得していくと考えることができる。

　児童の前には、「材料」がありそれを加工するための「用具（道具）」がある。材料と用具を手にし、造形表現に取り組む中で「技法」に出会い、自らが想い描いたものを形にしていく。「材料・用具・技法」はそれぞれを単体で体験するものではなく、一つ一つが密接に関連し合いながら、試行錯誤が繰り返されて造形活動が行われる。だからこそ教師は自らの日常の体験から「材料・用具・技法」について幅広くかつ深く理解し、つくる喜びを実感した上で、その力を授業実践において遺憾なく発揮してほしい。

　本項では「材料・用具・技法」に関する基礎的な知識・技能と授業実践場面での関連性についてまとめた。図画工作における「材料・用具・技法」は多岐・多様にわたり、全てを一度機に習得することは難しい。だからこそ、まず一つの材料を手に取り、用具を用いて、技法を試すことが本来の意味での教材研究であるといえる。図画工作科の授業に臨む「これから何をつくるのだろう」という好奇心と期待に満ちた子どもたちの顔を思い浮かべながら、「材料・用具・技法」について学んでいきたい。

図画工作科の学習指導内容

　図画工作科の学習指導内容は大きく「表現」と「鑑賞」との二領域があり、表現の活動にはその形式により「造形遊び」「絵」「立体」「工作」の分野がある。

　材料・用具・技法はそれぞれが密接に関連して造形活動が行われる。そのためここでは項目を羅列的に紹介するのではなく、内容を「平面的な表現」と「立体的な表現」の二つに分け、それぞれの製作活動を想定して実例を紹介しながら必要となる材料・用具・技法

についてまとめていきたい。ただし造形遊びについては「平面的な表現」と「立体的な表現」の両方があるためそれぞれについてまとめている。またこれらの活動ははっきりと領域を分けることができない（しない）こともあり、「平面」「立体」の両方にまたがる表現もあるので、あくまでも各項目を理解する上での枠組みとして捉えることで、実際の授業における表現の可能性も広がっていくと考える。また、造形活動の場となる教室環境についてと安全への配慮については最後の項にまとめた。

● 「平面的な表現」について

「平面的な表現」では造形遊びの中で紙に絵の具を垂らすなどの平面的な活動がベースとなるものを「遊びながらかく（造形遊び）」、絵の具などを使った直接描画する表現として「かいて表す（絵、工作）」、版画を主とした間接的な描画要素を含む表現として「版に表す（版画）」「間接的に表す（モダンテクニック）」の四つに分けてまとめた。

● 「立体的な表現」について

「立体的な表現」では造形遊びの中で活動していく中で立体的に立ち上がる内容のものを「遊びながらつくる（造形遊び）」、彫刻的な要素をもつ表現として「立体に表す（彫刻）」、用途をもった作品をつくる活動として「工作に表す」の三つに分けてまとめた。本章の構成を下記（表1）にまとめた。また使用する材料・用具については学習指導要領に2学年ごとに扱うものが示されている（表2）。

題材・領域によって重複する材料・用具・技法もあるが「つくりたいもの」によって用具や材料の使い方も変化していく。また安全に関わる部分での基本的な使い方を知ることが必要であるが、材料・用具・技法とも実際に製作する中での発見や驚きを大切に育てていく姿勢も忘れないようにしたい。

● 表1　本章の構成

		形式などによる分類	
1	平面	遊びながらかく	造形遊び
		かいて表す	絵画、ポスター（工作）
		版に表す	版画
		間接的に表す	モダンテクニック
2	立体	遊びながらつくる	造形遊び
		立体に表す（彫刻）	付けてつくる（塑造）
			削ってつくる（彫造）
			集めてつくる（集合彫刻・その他）
		工作に表す	仕組みから思い付いて表す
			生活の中で使えるものをつくる
3	その他	教室環境について・安全の配慮	

● 表2　材料・用具の取扱い

学年	材料・用具
第1・2学年	土、粘土、木、紙、クレヨン、パス、はさみ、のり、簡単な小刀類など身近で扱いやすいもの。
第3・4学年	木切れ、板材、釘、水彩絵の具、小刀、使いやすいのこぎり、金づちなど。
第5・6学年	針金、糸のこぎりなど。

1. 平面的な表現

(1) 遊びながらかく（造形遊び）

平面的な造形遊びはかくことの原初的な喜びを感じることのできる機会である。何かをかくことよりもクレヨンや絵の具に触れ、表れる変化に気付き、楽しむことを大切にしたい。

【材料について】

低学年ではクレヨンやパスなどの扱いやすい描画材から使用することが多い。また絵の具を使う場合は準備する絵の具の濃さや量によっても活動の広がりが変化する。

フロッタージュによる活動

【技法について】

フロッタージュ（こすり出し）は身近なものの凹凸をクレヨンやパスでこすり出す技法であるが、凹凸に触れる触覚を刺激する行為が子どもの関心・意欲を増幅させ活動の広がりになっていく。身の回りにある凹凸のあるものを集めておくとよい。

スタンピングは葉っぱや野菜、段ボールの断面など凹凸のあるものに絵の具やインクを付けて紙に押し付ける技法である。身近にあるもののテクスチャをスタンピングすることで想像とは違った形ができたり、スタンピングを重ねることでより複雑で表情豊かな画面が生まれたりする。ローラーに凹凸を付けると連続的な模様をつくることができる。

【用具について】

スタンピングなど絵の具を扱う技法では絵の具を付けるためのバットや溶き皿、筆洗などを準備する。野菜などのスタンプの材料を直接絵の具に付けるだけでなく、絵の具をスポンジに染み込ませて付けたり、スタンピングするものの断面に筆で直接絵の具を付けたりする方法もある。準備の段階で学年や児童の技能を十分考慮して適切な用具の準備を進めたい。また教室などの室内で活動する場合は床や壁を汚さないためにビニルシートで養生をしたり、服を汚さないために大きめのビニル袋で簡易的なポンチョをつくったりするなど児童が思い切り活動できる環境を整えておきたい。

ローラーやスタンピングを使った活動

(2) かいて表す（絵画、ポスター）

絵は使用する材料・用具・技法によって多様な表現ができる。例えば水彩絵の具でかく場合でもクレヨンやフェルトペンなどの他の画材を併用することで、製作のプロセスや絵の具の効果を変化させることができる。工作で製作するポスターなどもある。

【材料について】

絵の具は、色を出す材料（顔料）と顔料を画面に固定する材料（展色剤）からできている。展色剤の成分によって絵の具の特性が違う。水溶性の展色剤を用いたのが水彩絵の具で、不透明水彩、半透明水彩、透明水彩があり、塗り重ねたときの発色や効果に違いがある。水彩絵の具を使用する場合は、絵の具の水分をほどよく

バチックを使った作品

吸収する画用紙を用いることが多い。和紙は吸水性がよいがにじみやすいため、わりばしペンや墨を使った線の変化を生かした作品づくりに用いると効果的な表現ができる。ケント紙は吸水性が低いため、水分の多い透明水彩では使いづらいが不透明水彩（ポスターカラーなど）を平滑に塗ることができるので、シンボルマークの製作などのデザイン的な活動に向いている。

【用具について】

水彩絵の具に用いる筆には形状によって彩色筆や面相筆、平筆などがある。筆に用いられる毛の材質によって硬さや筆触が変わるので、表現したいことによって使い分けるとより表現の幅が広がる。児童が水彩絵の具を使うときに苦手意識につながりやすいのが絵の具の濃さであろう。少しずつ水を加え調整する経験もしておきたい。

【技法について】

図画工作科で用いる描画材はクレヨンやパス、水彩絵の具、墨、フェルトペンなどが挙げられるが、それらを単体で使う技法と複合的に組み合わせて使う技法がある。バチックはクレヨンでかいた線や面の上から水彩絵の具で色を付ける技法である。クレヨンの油分が水彩絵の

具をはじくのでクレヨンの筆致を生かしつつ水彩絵の具の柔らかい色彩を伴った表現ができる。水彩絵の具の濃さによってはじき方が変わるので薄めに絵の具を溶くように指導するとよい。右上の絵は、和紙にわりばしペンでかき、水彩絵の具で着色した作品である。わりばしペンならではの表情豊かな線や和紙によるにじみが魅力的な効果を生んでいる。

(3) 版に表す（版画）

　版画は彫ったり、貼ったりしてつくった版の絵柄を紙に写し取る技法である。試行錯誤しながら時間をかけて製作した版に紙を重ね、どきどきしながら紙をめくる瞬間が子どもにとってかけがえのない体験となる。

【技法について】

　版画はその形式によって以下の四つに分類することができる。

版の形式	版種の例
凸版	木版画、紙版画、コラグラフ
凹版	ドライポイント、エッチング
孔版	ステンシル、シルクスクリーン
平版	リトグラフ、デカルコマニー

木版画による作品

【材料・用具について】

　版画の四つの形式は版に使う材料によって様々な版種がある。凸版で最も一般的なものは木版画であろう。板材を彫刻刀で彫りインクをローラーで塗って紙を重ねバレンでこする。木を彫刻刀で彫る工程は児童にとっては苦労する面もあるが、彫刻刀から伝わる木の素材感やサクッと進む感覚は魅力的であり楽しさにつながっていく。木版画ではシナやカツラ、サクラやホウなどが用いられるが、図画工作では扱いやすさからシナの合板（ベニヤ板）が使われることが多い。版画に用いる彫刻刀は主に4種類あり、刃の形による断面形状の違いから刷ったときの表れ方が異なる。ゴム板は木版に比べると素材感が均一で彫りやすい。

● 彫刻刀の種類

種類	版の断面形状	刃の形状
丸刀		
三角刀		
平刀		
切り出し刀		

　コラグラフは凹凸のある様々な材料を貼り合わせて版をつくる技法である。段ボールやエアキャップなどの梱包材、網状の材料など身近にあるものの素材感を生かした製作が期待できる。紙版画は紙をちぎったり、はさみで切ったりすることで異なった表情の輪郭をつくることができる。貼り付けながら製作する版は、並べ替えたり上から貼り重ねたりする製作工程がスピーディーに進むので、感覚的に楽しく製作できる特徴がある。使用するインクは、水性、油性、中性があるが作業性や後片付けを考慮すると水性や中性のインクが扱いやすい。

(4) 間接的に表す（モダンテクニック）

平面的な表現には筆やクレヨンなどで直接絵をかく方法の他に、主に間接的に偶然の効果を生かしてかくモダンテクニックという技法がある。以下にその主な技法をまとめた。

モダンテクニックを使ったコラージュによる作品

【技法・材料について】

○ドリッピング／絵の具を薄く溶き、紙の上に垂らしたり、垂らした絵の具をストローや直接口で吹いて広げたりする技法。紙に吸水性の低いケント紙を使うと絵の具を広げやすい。

○フロッタージュ／凹凸のあるものに紙をのせ、クレヨンやパスでこすり、形を写し取る技法。破れにくく形が馴染みやすい和紙などを使うと凹凸を写し取りやすい。

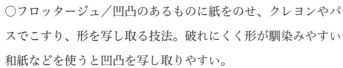
ドリッピング

○スパッタリング／絵の具を細かい金網に塗り、ブラシでこすることで紙の上に飛散させる技法。型紙を使うと任意の形をかくことができる。うまく絵の具が飛ばない場合は、紙と金網との距離や金網に当てるブラシの角度、絵の具の濃さを調整するとよい。

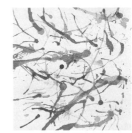
スパッタリング

○デカルコマニー／二つに折った紙の片面に絵の具を塗り、閉じて反対面に写し取る技法。左右対称な形ができる。吸水性の低いケント紙などを使うとよい。また1枚の紙に絵の具を付け、別の紙を重ねることで左右非対称な形状をつくることもできる。

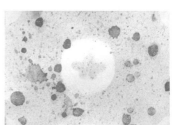
デカルコマニー

○スタンピング／凹凸のあるものに絵の具やインクを付け紙に押し付けて形を写し取る技法。（140頁参照）

○マーブリング／水面に絵の具を垂らし、できた模様の上に紙をのせて写し取る技法。

○コラージュ／基底材に材料を貼り合わせてつくる技法。印刷物や布などの他、自分で画用紙に色を付けたものなど様々なものを使うことができる。

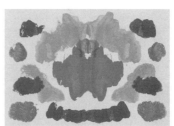
マーブリング

スタンピング

2. 立体的な表現

(1) 遊びながらつくる（造形遊び）

　造形遊びでは子どもたちが触れる材料の要素が特に重要な部分を占めることが多い。土や砂、落ち葉や枝、水や空気といった自然材と、ビニル袋や段ボール、製材された木などといった人工材では、材料の特徴が異なり、造形遊びの大切な要素である活動の場所によっても変化する。

【材料・技法について】

　土や石など普段から身近にあり慣れ親しんでいるものも、改めて造形活動の材料として触れると新鮮な驚きにつながるだろう。土や砂に水を含ませることで素材感が変化することは幼児期の泥遊びで体験的に知っているが、友だちと協力して水を流すための土手をつくったり、流れやすいように高低差を考えたりといった活動は造形遊びの中で初めて体験するかもしれない。木の枝や葉っぱも、友だちの活動を見て小さい枝や木のつるを使ってつながることに気付いたり、協力することで小屋のような構造物をつくれることに気付いたりしていく。また段ボールなどの人工材は切り込みを入れるなどの加工をし、つなげていくことで、自分の身長を超えるような大きなものもつくることができるだろう。ビニル袋は空気を送り込むことで風船のように膨らみ、ふわふわ浮かぶ浮遊感を体験することができる。高学年になると光や風といった要素を組み合わせることで、低学年と同じ材料でも違った関わり方が期待できる。

【用具について】

　自然材は直接手で触れて形をつくりだすことができるものが多いが、小屋などの構造的な造形を想定する場合は、活動の内容を考えてひもやのこぎりなどの準備も必要になるだろう。また材料によって適した用具も変わる。例えば右の写真のような段ボールの場合にはカッターナイフよりも段ボールカッターを使った方が安全で切りやすい。同じ材料でも対象とする学年や展開する場所によって活動内容は変わるので、用意する数量や種類などについて検討し、児童の活動の要求に応えられる準備をしておきたい。

(2) 立体に表す（彫刻）

立体の表現技法には塑造、彫造などがある。彫刻的な造形の技法と材料、用具は密接に関連しているので、ここでは技法を柱に総合的に考えてみたい。

土粘土を焼成（素焼き）した作品

【材料・技法について】

〈塑造〉塑造は付けてつくる造形である。粘土が代表的な材料であるが、新聞紙をちぎって芯材に貼り付けたり、牛乳パックなどをパルプ状にして付け足したりしながらつくる造形も塑造的であるといえる。粘土は原料の種類によって以下のような特徴がある。

種類	特性	用途	保存
土粘土	土を原料にしているため、自然な手触りが特徴で、可塑性に優れ、伸びがよく、粘土同士は付きやすいため造形がしやすい。彫塑用、焼成用などの種類がある。	彫刻、陶芸、粘土遊びなど。	乾燥すると壊れやすくなるため、作品として保存するには焼成したり、型取りをして別の素材に置き換えたりする必要がある。
油粘土	油と石粉が主成分であり、何度でも繰り返し使うことができる。伸びはよいが少し形状の戻りがある。粘土同士は剥がれやすい。	油分はあるが手が汚れにくいので、机の上での製作に適している。大量に使用するのには向かない。	硬くなりにくく変形しやすいので作品として保存するには適さない。材料としての保管は比較的容易である。
軽量粘土	樹脂中空体、パルプなどを主成分とし、非常に軽く、扱いやすい。伸びがよく、粘土同士も付きやすい。絵の具を混ぜて使うこともできる。	保存して展示するような作品づくりに適している。芯材を使用することができる。	硬く固化するので、そのまま作品として保存できる。
紙粘土	パルプに石粉などを混ぜたものが主成分であり、重い。乾燥すると絵の具での着色も可能になる。伸びは悪く、乾燥が早い。液状のものもある。	大きなものには適さない。強度はないが、ビンなどを芯材にすることができる。	乾燥させることで固化し作品として保存できる。芯材によってはヒビ割れが起こることもある。

〈彫造〉彫造は彫ったり削ったりしてつくる造形である。木や石、半乾燥させた粘土の塊などを材料に彫り進むことで造形していく。木を彫る場合にはのみや彫刻刀、切り出し小刀などの刃物を使う。材料の硬度によって難易度も変化するため、図画工作の題材では木彫風粘土など比較的柔らかいものが製作しやすいだろう。押出し発泡ポリスチレンやメラミンスポンジなどのほどよく密度があり柔らかい材料も彫造の材料として使うことができる。

木彫風粘土による彫造

【用具について】

粘土を材料とした塑造では、粘土の感触を楽しみながら手で直接触れて造形することが大切だが、より細かく多様な造形をするために粘土べらや粘土板、切り糸なども準備するとよい。彫造では材料によって彫る用具が変わるが彫刻刀などの刃物は粘土や柔らかい石

などを彫ると刃が傷むので、木材用とは分けて使用する必要がある。

　また、既に形のある材料を付け足していきながら造形する方法もある。アッサンブラージュとも呼ばれる。付け足す行為自体は塑造的であるが、材料そのものの形から造形行為が触発される点が塑造との違いであるといえる。自然材を材料にする場合は、木の枝や貝殻といった表情豊かな形が多様なイメージの創出につながり造形活動が進んでいく。材料の形を別のものに見立てる行為は造形活動でも大切な要素である。人工材を材料にする場合も材料の形や特性からイメージが広がっていくことが考えられる。右の写真は比較的柔らかく加工のしやすいアルミの針金を使っている。線的な材料がまるめられることで量塊になり、複雑に絡み合った造形が動きを表し

自然材を材料にした集合彫刻

ている。針金の加工にはペンチやラジオペンチ、ニッパーなどを使い、台座への固定には釘を用いる。釘をげんのうで打つ場合、打ち始めは平らな面で打ち、最後に丸い面で釘の頭を板に埋め込むようにする。釘を打つ下穴などをあける場合はきり（錐）を使用する。きりは先端の形状によって目的が異なる。自然材・人工材ともに、接合に接着剤を使う場合は材料に適合したものを選ぶ必要がある。接着剤は固着するまでの固定が必要なので仮止めにマスキングテープなどを利用するとよい。

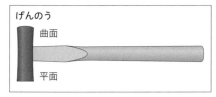

【材料について】

　立体的な造形活動の材料には木や土などの自然材と針金やプラスチックなどの人工材に分けることができ、人工材はその特性によって以下のように分類することができる。

特性	材料
線的な特性をもつ材料	糸、ひも、縄、針金、テープ、リボン、モール、輪ゴム、竹ひご、ストローなど
面的な特性をもつ材料	画用紙、色紙、和紙、段ボール、新聞紙、布、ポリ袋、板、アルミホイルなど
その他	粘土、空き箱、紙皿、ビン、缶、ペットボトル、ビー玉、ボタン、紙筒など

(3) 工作に表す

　図画工作では立体的な造形の中でも用途や機能などに沿って表す活動を工作としている。

　ここではパズルや動くおもちゃなど仕組みを楽しむ要素があるものと、ペン立てや本棚、かごや物入れなど生活の中で使えるものをつくる活動に分けて話を進めていきたい。

●仕組みから思い付いて表す活動

【材料について】

　右の作品は上からビー玉をころがして遊ぶおもちゃである。工作は表現したい動きを実現するための構造や立体として成立させるための強度が必要になる。児童はつくりながら仕組みを学び工夫を重ねるが、その実現のためには目的にあった材料の準備が必要である。ボール紙などの厚紙は強度があり箱状の形や土台をつくるのに適しているが、しなやかさに欠けるため筒状の形をつくったり曲面をつくったりする場合にはケント紙を使用するとよいだろう。またケント紙ほどの厚さの紙でも箱や筒などの構造にすることで強度が確保できることにも気付かせたい。水彩絵の具で色を付ける場合には吸水性があり絵の具の定着がよい画用紙を使うときれいに仕上がるだろう。

【用具について】

　厚紙を切る場合はカッターナイフを使うことが多い。力任せに一度に切るのではなく数回に分けて切れ目を深くしていくことを指導したい。紙の接合にはセロハンテープやのり、木工用接着剤、ホチキスなどを使用するが、木工用接着剤で接着した後にホチキスで固定するなど複数の道具を併用することで作業効率が上がり強度も増す。児童が試行錯誤しつつも思いに沿った手順で製作を進められる準備も整えておきたい。

【技法について】

　学習指導要領にはコンピュータ、カメラなどの情報機器の利用について、表現や鑑賞の活動で使う用具の一つとして扱うこととしている。工作の題材としては、自らつくった紙の人形を基にコマ撮りのアニメーションをつくる活動などが考えられるが、コンピュータを使うことを目的とするのではなく用具としての必要性を十分に検討することを心掛けたい。

●生活の中で使えるものをつくる活動

　工作の分野で使えるものをつくる活動としては、陶芸や木工、織物などに代表される伝統工芸的な造形とスプーンなどの食器やいすなどに見られるような機能を重視した造形が

ある。またこれらの工芸的な活動は材料との関わりが強い。材料ごとの特性を理解し、加工に適した用具や技法を用いて、材料の特徴を生かした表現の可能性を探ることが大切である。

【材料・用具・技法について】

工芸的な活動としては陶芸や木工、織物などが挙げられる。陶芸は土粘土を用いて形をつくり、焼成して仕上げる技法である。形をつくる方法は粘土の塊から指で押したりつまんだりして形づくる「手びねり」やひも状にした粘土を

釉薬をかけ本焼きした作品

らせん状に積み重ねながら形づくる「ひもづくり」、粘土の塊をたたら板と切り糸を使用して切り出した板状の粘土で形をつくる「板づくり」などがある。技法によって難易度も違い、できあがる作品の風合いも異なるので学年やつくりたいものによって選択することが必要である。焼成は800℃から850℃程度で焼く「素焼き」と、素焼きしたものに釉薬をかけてさらに1200℃から1250℃程度で焼く「本焼き」がある。素焼きは埴輪や植木鉢のような、土の素材感を生かした仕上がりが特徴的である。釉薬は様々な色と質感のものがあり、本焼きするとガラス質に変化し耐水性をもつので実際に使うことのできる器なども製作できる。

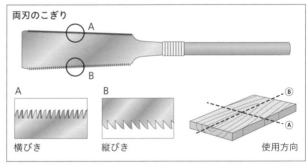

木の加工に使用するのこぎりには万能のこぎりと両刃ののこぎりがあり、木目に関係なく切ることのできる万能のこぎりが主流となっている。両刃のこぎりの刃は縦びきと横びきがあり、木目の方向によって使い分ける。電動糸のこぎりは曲線を加工することができる。いずれの用具も事前に安全指導をしっかりと行う。木工で物入れやペン立てなどの箱状の形をつくる場合は木工用接着剤などによる接着や釘などを使った接合が必要になる。接着剤は貼り合わせる材料によって適したものが異なり、乾燥、硬化する時間も接着剤によって違うので、使用する材料

電動糸のこぎりを使用したパズル

や場面（乾燥時間）などに合わせて適切なものを選ぶ必要がある。また固着するまでの仮止めに輪ゴムやマスキングテープなどを使うと効率よく製作を進めることができる。

織物は糸やひもを縦と横に組み合わせながら編む技法である。図画工作では紙ひもなどの身近な材料を用いてかごを編むというような題材が考えられる。

3. 教室環境の整備・安全への配慮

　図画工作科では授業を行う環境の整備も大切である。材料・用具の整理や机の配置、作業スペースの確保など、子どもたちが活動しやすい環境を整備することは事故の防止にもつながる。のこぎりやカッターナイフ、切り出し小刀などの刃物は正しい使い方を習得することが大切であるが、道具だけではなく紙のふちや細い棒の先端など、思いがけないところに怪我をする危険が潜んでいる。活動場面ごとに用具や材料についての安全な扱い方を十分に指導することが必要になるが、言葉で説明する場合には具体的な表現を心掛けることが大切である。例えば彫刻刀を使う際に「怪我をしないように注意する」のではなく、「刃先に手を置かない」「作業板を使い、両手で彫刻刀を持つ」など、児童が何をすればよいかがすぐ理解できるような言葉がけを心掛けたい。さらに言葉による説明だけではなく実感として理解できるように体験も含めて指導することが大切である。図画工作科において、安全を確保することは教師の責任である。学年に応じた児童の実態を把握した上で、授業中に子どもたちがどのような行動をとるかといったことも予測しながら準備をしておきたい。

＊参考文献
- 真鍋一男、宮脇理 監修『造形教育辞典』建帛社、1991（平成3）

---

column　材料に教えられる

　民藝運動に関わった外村吉之介は著書『少年民藝館』の中で臼、枕、腰掛けの三つの木工品を挙げて次の言葉を添えている。「（前略）これら三つのものは、どれも一つの木材から割り出したものです。（中略）どこまでも暮らしの道具を、自然の材料に教えられながら形を出したものです。それで無理がなく、たよりになるものとなったのです。」

　ものをつくる行為は素材との対話であるともいえる。自分が存在する現実世界の「材料」と触れ合い、ときにははじかれながら試行錯誤してつくりあげる過程の中で、素材や道具に近付き、実感を伴った「無理がない」「たよりになる」ものをつくる造形表現活動ができるのではないだろうか。材料を力づくでねじ伏せるのではなく「材料に教えられる」体験を経て、自分の造形表現を実現していけるような図画工作の時間をもてるようにしたい。

column　研究課題

　材料から触発されて生まれた作品に出会った経験を話し合ってみよう。

（槙野　匠）

第9章 図画工作科の基礎知識

　教科としての図画工作科のベースになっているのは「芸術」である。特に、美術や造形、視覚文化ともいわれる芸術分野である。その分野をベースとする教科の独自性は、学習指導要領での〔共通事項〕で示されているように、形や色、イメージを基に、表現し鑑賞し、そこから、自己を見つめ社会へと関わっていく活動である。

　また、図画工作科を含む「美術教育」の考え方は、時代や地域によって様々に変化してきた。ここでは、図画工作科の基礎となる、「形、色、イメージ」と、美術教育の目的をめぐる問題について確認していこう。

1. 色、形、イメージ

　図画工作科の学習指導要領（平成29年告示）では、前回の学習指導要領から引き続き、表現と鑑賞とをカバーして教科全体の基本となる〔共通事項〕（22頁参照）が示されている。以下に、第5・6学年の例を示す。

　○自分の感覚や行為を通して、形や色など造形的な特徴を理解すること。
　○形や色などの造形的な特徴を基に、自分のイメージをもつこと。

　一万年以上も前に洞窟の壁に赤色や黒色でかかれた牛や馬の絵に、私たちは、動物の躍動する姿をイメージし、それをかいた人々の心情に思いをはせ、その人々と体験を共有することができる。遠く離れたアフリカのどこかでつくられた彫刻作品にユーモアを感じ、その作者に親しみを感じることもある。作品に表された形や色を通して、未知の人とイメージを共有することで時代や地域を越えてコミュニケーションすることができる。ここでは、図画工作科の指導にあたって必要となる、形や色を理解すること、それを基に、イメージをもつことの意味を考えよう。

①造形要素と造形原理

　絵画や彫刻、工芸やデザインなどの造形作品は、材料と形や色、線などいろいろな要素が組み合わさってできている。そうした要素を分析して取り出したものを「造形要素」（表1）、造形要素の組合せ方での効果を分類したものを「造形原理」（表2）と呼ぶ。コンピュータを使った映像作品などでは、光も造形要素の一つとなる。また、水墨画では濃淡も要素となる。こうした造形要素や造形原理について理解することは、作品分析のためだけでな

く、自分のイメージを表現し、他者とコミュニケーションするために必要なスキルや能力にもなる。

　算数なら数学、理科なら自然科学、社会なら歴史学とか地理学、国語なら言語学や文学などが、その基となっているように、図画工作科では芸術、特に美術（造形、アートなど）がその基になっている。これは、中学校や高校の「美術科」でも同じである。また、美術活動を、アメリカでは「視覚芸術 Visual Arts」と呼ぶこともあるが、美術活動でもつイメージには、後で述べるように、視覚だけでない触覚や身体感覚も含まれているので視覚に限定する必要はない。ここでは色と線や形、質感の事例を検討しよう。

●表1　造形要素

造形要素	
線	太い＝細い、長い＝短い、曲線、直線、波線、ジグザグ線、ゆっくり線＝スピード線 など
形（平面）	ぐにゃぐにゃ、円、四角形、三角形、台形 など
形（立体）	でこぼこ、球、立方体、円柱、多面体、円錐 など
質感	つぶつぶ、ざらざら、ふわふわ、ぬめぬめ、かちかち など
明暗（光）	暗い＝明るい、強い＝弱い、まぶしい＝にぶい
濃淡（水墨）	濃い＝淡い、にじみ、ぼかし
色	暖色＝寒色、進出＝後退、軽い＝重い、明るい＝暗い、濃い＝薄い、青味＝赤味 など

●表2　造形原理

造形原理	
統一	同系の色相の色や類似の形などを組み合わせて全体に統一感をもたらす（ユニティ）
変化	多用な形や色、質感などを組み合わせて変化をもたらす（ヴァリエーション）
強調	一部分だけ他の部分と対照的な形や色を使って目立つようにする（アクセント）
対照	明暗、柔軟、寒暖など対照的な性質をもつ形や色を組み合わせる（コントラスト）
比例	人物の頭と胴体、家と人物の大きさなど、ものの間の大小関係性を示す（プロポーション）
パターン	同一の色や同じ線や形を繰り返して模様をつくる。線による質感の表現 など
動き	方向性や動きを与えるように形を組み合わせる（ムーブメント）
均衡	左右対称形や釣り合いのとれた同系の形や色を左右に組み合わせる（バランス）
リズム	同じ形や色をリズムが生まれるように繰り返すことでリズム感をだす
空間	重なり、前景・中景・後景、遠近法など絵画で奥行き（見かけの三次元）を表現する

② 「色」について

　私たちの身の回りには色があふれている。しかし、鮮やかな赤色も、青色と黄色とその中間の色しか見分けられない犬の目には、ただの灰色にしか見えないといわれる。カラー写真しか知らない幼児が昔の白黒写真を見て「昔は色がなかったの？」と聞いたという。現実に色のない世界はない。色については、口絵4頁の色彩論のカラー図版を使って説明していく。

○色の「三属性」とマンセルシステム

　私たちは色を、どのように区別しているのか？　「赤」とか「青」という区別はあるが、同じ赤でも夕焼けのようにオレンジに近い赤から、朝焼けの紫に近い赤まである。同じ青でも冬晴れの空の濃い青と春のかすみがかかった水色の青がある。特定の色を識別するために、赤と青の「色合い＝色相」の違いだけでなく、色の「明るさ＝明度」、さらに「色の鮮やか＝彩度」という三つの観点（三属性）、つまり、「色相」・「明度」・「彩度」を組み合わせ示す。この方法は、アメリカのマンセル氏によって提案されたもので「マンセル・システム」と呼ばれる。（口絵4頁、色の三要素）。左端の白―黒10段階の柱は、「明度」だけで彩度がないので「無彩色」と、それ以外は「有彩色」といわれる。

　マンセルは、「色相」を5つの基本色（R＝レッド、Y＝イエロー、G＝グリーン、B＝ブルー、P＝パープル〔紫〕）に分け、そして、それらの中間の5色（YP、GY、BG、PB、RP）を加え10色に分け、さらにその10色をそれぞれ10に分けて計100色を識別できるようにした。日本の工業規格（JIS）でもこのシステムを採用して、例えば「赤」なら「5R　4／14」（5R＝基本5色の赤、明度4／彩度14）と表示する。

○「色相環」と「補色」

　色相の違う色を順番に環の形に並べたものを「色相環」といい、日本では、黄色から始まって12色を並べる例が一般的だが、24色の色相環もある。色相環の向かい合った色同士を「補色」関係にある色といい、赤と緑のように補色同士を組み合わせると目立つ配色となり、補色同士の色を混色すると無彩色に近い色となる。また、同じ色相の中で最も彩度の高い色を「純色」と呼び、純色に白を混ぜた色を「明清色」、黒を混ぜた色を「暗清色」とも呼ぶ。

○「三原色」

　「原色」とは全ての色の基になる色で、絵の具などの「色料の三原色」と、スポットライトなどの「光の三原色」がある。（口絵4頁、三原色）

　「色料の三原色」は、一般に「赤・黄・青」といわれるが、正確には「赤＝マゼンダ＝

M、黄＝イエロー＝Y、青＝シアン＝C」になり、児童用の絵の具12色セットに入っている「赤・黄・青」とは異なることがある。プリンタ用のインクセットは、この三原色と黒（K＝Key）の4色（CYMK）が基本色となっている。絵の具やインクは混ぜれば混ぜるほど色が濁ってきて暗くなるので「減法混色」といわれる。印刷では、それを避けるために、これらの4色を細かな点で並置する（並置混色）。例えば、黄色と青色の点の集まりは距離を置いて見ると緑色に見える。スーラなどの点描派といわれる画家はこの手法を使って、並置混色しながら明るい画面をつくっている。

「光の三原色」は「赤・緑・青」で「R・G・B」と示される。スポットライトの例でも分かるように、三つの色の光が重なった部分が一番明るい。光の色は、混ぜれば混ぜるほど明るくなるので「加法混色」といわれる。テレビやパソコンのモニタ画面は、微細な点としてRGBの色を並置混色して多様な色をつくりだす。モニタ画面上では、RGBの個々の色を、段階別に、例えば、1色8段階なら、8×8×8＝512で、512色まで表示できる。最近のパソコンでは、RGBそれぞれが256段階で、計算上は256×256×256＝16,777,216色まで表示できる「フルカラー」が一般的である。

○色の対比と効果

　生活の中で、一つの色だけを単独に見ているのではなく、色は常に様々な他の色と一緒になって目に入ってくる。その組合せ方によって色の見え方は違ってくることを、「色の対比」という。（口絵4頁、色彩の対比）

　交通標識に、黄色の背景に黒色の記号や文字の組合せなど明度差の大きい組合せ（明度対比）が使われるのは、明度の差は色覚障害の人にとっても遠くからはっきりと認知できる（視認性）からである。色相の差の大きい色の組合せは派手な感じで人の目をひき、法被（はっぴ）などの祭りの衣装に見られるような彩度の高い色の組合せは、力強く元気な感じを与える効果がある。

　また、青色や緑色の系統の色は冷たく寒い感じが、赤色や黄色などの系統の色は暖かい感じがするので、「寒色」や「暖色」ともいわれる。また、同じ重さの荷物でも、濃い茶色や黒っぽい色のものは重い感じが、明るい色のものは軽い感じがする。（口絵4頁、色の感じ）

　さらに、色には「赤＝情熱」とか「青＝知性」など「象徴」として使われることもある。この色彩のイメージや象徴については後でも触れる。

③「線」や「形」について

　私たちは普段は色と形も一緒に見ている。「いろ（色）」はもともと「顔色」から転じて、

「美しい女性」「美しい色彩」などの意味になり、「かたち（形）」は、人の「かおかたち（容貌）」から転じて「ものの輪郭・外形」などの意味になった。昔から、人の顔の形や色を認識することは相手を知るための決め手であったことが分かる。

● 図1　線や形の性質

　線や形には、それぞれ性質がある。図1に見られるように、①直線は鋭くスピード感があり、②曲線はなめらかでゆったり感がある。同じことは、③ギザギザ線と④波線とについてもいえる。形についても、⑤直線から構成された形はガチっとした強い感じが、⑥曲線から構成された形は柔らかな感じがする。この性質を生かして、強くて頑丈なロボット戦士は直線で、かわいらしい癒やし系キャラクターは曲線でつくられている。

④質感（テクスチャ）と「パターン」について

　図2のA〜Dはいずれも、直線や曲線、波線、同じ形の繰り返しからできている。それぞれのパターンから受けた「質感」の感じを言葉にしてみよう。

● 図2　質感の表現

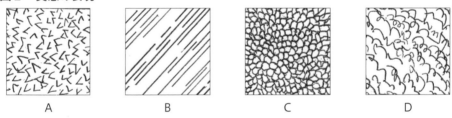

　ゴッホが、葦の茎でできたペンを使って、フランスの農村風景をかいたスケッチ（作品1）にも、線による様々な質感が表現されている。①〜⑥から、どのような質感を表現しているのか、どの部分の描写か、確認してみよう。こうした質感の分析は鑑賞だけでなく、絵画で表現するときの参考にもなる。

●作品1

ゴッホ作『プロヴァンスの農家』1888年頃、アムステルダム国立美術館蔵（Public domain）

⑤造形原理：「空間」と「遠近法」について

　現実に三次元空間で表現される彫刻作品の大きさは、タテ×ヨコ×オクユキの三つの次元で表される。絵画には実際の奥行きはないが、「見かけ（イリュージョン）」上、奥行きのある三次元空間を表すことはできる。その方法には、①重なり、②遠近法、③濃淡法、④進出色と後退色などがある。①重なりは、2本の線が交差するところでどちらかの線が消えると前後の感じが出る場合、②遠近法は、見る人の位置から近いものは大きく、遠いものは小さく見えるという日常的な視覚の経験からくるもので、透視図法のように幾何学の計算からも形がかける。③水墨画に見られる濃淡は、近くの景色は濃くはっきり、遠くの山などは薄くかすんで見えるという効果から空気遠近法などともいわれる。④の色彩では、明るい暖色系は前に近付いてくる色、暗い青系は背後に遠ざかっていく色の感じを生かして遠近感を表す。

●図3　平面上の「見かけ」の奥行き感

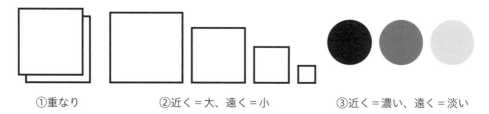

①重なり　　　　②近く＝大、遠く＝小　　　　③近く＝濃い、遠く＝淡い

⑥イメージと見立て

● 図4　見立て

青い空に浮かんだ白い雲。ぼんやりと見ていると、何かの形に見えてきます。恐竜の子どもたちが、追いかけっこをしている？　あなたは何を見付けましたか？

「イメージ（image）」という英語はもともと、人の形をした像（imago）に由来する。『広辞苑（第七版）』では「①心の中に思い浮かべる像。全体的な印象。心象。②姿。形象。映像。」とされるように、絵画や写真、映像などを含んで、実物がなくても心の中に思い浮かべることのできる「心的イメージ」まで広い意味がある。学習指導要領などでも使われる日本語の「イメージ」は、主に「心的イメージ」の意味で使われている。

● 図5

　前に述べた〔共通事項〕では「形や色などの造形的な特徴を基に、自分のイメージをもつこと」とされる。私たちが線と円という単純な幾何学形態の組合せの特徴から、怒りや悲しみ、喜びなどの感情のイメージをもつこと（図5）を「相貌的知覚」という。コミュニケーションのために他人の表情から内面を読み取るという生活上の経験から獲得された能力ともいえる。人間は、雲や壁のシミなど曖昧な形を見たときに、曖昧のままにしておくことに不安を感じて、自分なりに何か意味のある形（ドイツ語で「ゲシュタルト」）をイメージとしてつくりだす傾向がある。色彩にも、暖色や寒色などの例を見てきたが、赤い色は「火が燃える→暖かい」から「情熱」をイメージしたりする。赤い色の服を着ると情熱的になって元気になる人もいる。緑色から草原や森をイメージしてゆったりとする気持ちになるため部屋の壁色を緑にする人もいる。こうした色のイメージが共有され定着すると「象徴」になり、聖母マリアの青い衣は「天の真実」、赤い衣は「神の慈悲」の象徴などとされるようになる。

また、ゴロゴロという雷鳴とともにぴかっと光る稲妻を見た人間は、太鼓を背負った「雷神」の姿をイメージした。このように、イメージには形や色だけでなく音（聴覚）も、梅干しの写真から口に酸っぱさが広がるように味覚も、さらには嗅覚や身体感覚までも含まれる。スポーツ選手が、自分がその技をうまくできた姿を身体感覚でイメージすることで実際にその技を成功させるイメージトレーニングのように、イメージは現実を変えていく力にもなる。また、アインシュタインは、自分が光の速度という超スピードで動いているのをイメージすることで、宇宙における空間と時間が一体化しているという「相対性原理」を発見したといわれる。イメージをもつことは知的な洞察を導く力にもなり、その直感性は、「感性」と呼ばれることもある。このようにイメージは、現実の制約を超えて、新たな可能性をひらく力となってきた。

　イメージを、目に見える姿として形や色で表現していくところに造形表現の特色がある。図画工作科には、こうした「イメージ」をもち、それを表現していく力を養い発展させていくことが求められている。

2. 美術教育についての考え方

　図画工作科も美術教育の一つである。美術教育は英語でいうと"Art Education"となる。"Art Education"は、その目的観の違いによって「美術の教育"Education of Art"」と「美術による教育"Education through Art"」、さらに「美術への教育"Education toward Art"」の三つに分けられる。それぞれの時代や地域での美術観や教育観の違いで、さらに細かな分類もできよう。ただし、美術教育の実践の場では、相互に重なり合い明確に分けられるものではない（図6）。この分類は、何のために美術教育が必要か、美術教育の目的は何かなどの理念（こうあるべきだという思い）の問題だからである。しかし、理念の違いが、学習指導案（63頁参照）に書く目標や評価の観点や題材設定の理由にも関係してくるので、実践と無関係ということではない。次に、三つの考え方を検討しよう。

●図6　美術教育についての理念の類型

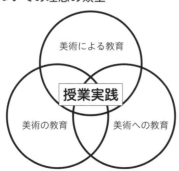

○「美術による教育」

　「美術による教育」は、ドイツのシラーによる「美的教育論」(1793〜1795)にその源流がある。ハーバート・リードが、その著作"Education through Art"(宮脇理他訳『芸術による教育』フィルムアート社、2001)で、将来、画家や彫刻家になるわけでもない児童に、なぜ美術教育が必要かといえば、美術で表現したり鑑賞したりする活動を通して、人は民主主義の精神を学ぶことができるからだと主張した。民主主義とは、それぞれの個性をもった人々が互いにその違いを認めながら平等に共存できる調和のとれた社会のことであり、美術の世界では制作された時代や地域もスタイルも異なる作品同士が同じ美術作品として優劣なく平等に共存してきた。そのように、美術による教育は、児童の一人一人の異なる感じ方や見方、考え方の違いを認め合い共存できることを実感させる教育であるとリードは主張する。

　子どもは未熟な大人ではなく、一人一人が独自の可能性をもった存在であり、その可能性を引きだすのが教育の使命だとする児童中心主義の教育観とともに、第二次世界大戦後、日本も含む自由主義諸国に広まった。

○「美術の教育」

　この考え方は、美術教育の目的は、美術そのもの(絵のかき方、材料の扱い方など)を教えることにあるとする。ヨーロッパでは、近代になると、それまでの徒弟制度での造形作家の養成から、組織的かつ大量に養成するための教育システム(美術アカデミー)へと移行していった。やがて、美術アカデミーで開発されたカリキュラムを児童用に簡略化したものが小学校などにも導入され、効率よく技能を身に付けさせることが目指された。お手本の絵を、いかにそっくりに写すかで評定した明治時代の「臨画」(図7　小学校の毛筆画手本)がその一例である。ただ、同じ「臨画」でも鉛筆でかくか毛筆でかくかで論争があり、毛筆でかく方が日本の伝統の精神が伝わるという主張もあり、「美術による教育」の考え方もあった。

●図7　毛筆画の練習（左が手本、右が児童の臨画）

 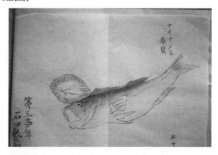

○「美術への教育」

　「美術による教育」と「美術の教育」は、子どもが直に美術の世界に触れることができるという発想は共通している。「美術への教育」は、子どもは美術（芸術）の世界の奥深さや美の意味といった本当の芸術の価値はまだ理解できないので、まず、そこへと至る手続きを教えるという考え方である。造形要素の分析や造形原理の応用を教える教育はその一例である。北米の小学校用の美術教科書はこの考え方で編集されていて、作品を分析して得た造形要素や造形原理に関する知識を応用する制作を通して、その理解を確認するというパターンが多い。ドイツでも形や色、音、動きなどの認知における法則を発見しようとする「ゲシュタルト心理学」に基づく教科書もある。色の対比や質感の表現、「相貌的知覚」（156頁、図5参照）の認知などが「美術への教育」のもとでの学習内容になる。

　以上、三つの美術教育に関する考え方（理念）を見てきた。教育実践では、それらは排斥し合うものではなく連続的かつ不可分に展開していく。英会話の学習でいえば、「美術への教育」は単語の意味や文法を、「美術の教育」は会話のスキルを重視する。「美術による教育」は、会話を通して何を伝え合うかを重視するといえよう。

　ペンを手にとって、"What is this?"とたずねると、相手が"That is a pen."と答える場面がある。「これは何か？」と聞いた人が、本当にそれが何か分からなくて聞いたのなら、会話はそれを内容（メッセージ）として伝える手段となる。自分も相手もそれがペンだと分かっていながらの会話だと、伝えるべき内容は何もない。ただ、"What is ○○?"と聞かれたら"That is △△."と答える会話のパターンは習得できる。または、"What"は疑問詞でその後にbe動詞が来ると、何か？とたずねる疑問文になる文法も学習できる。

　「美術による教育」では、一人一人に伝えたい内容、表現したい思いやメッセージをもたせることが大切になる。子どものリアルな経験を基に獲得されたイメージは、表現されることで、初めて他者と共有され生きたメッセージとなる。表現するには、表現の文法や表現のスキルも必要だが、子どもが思いやイメージをもち、表現できる場の提供が不可欠の前提になる。

---

column　色彩調節（カラーコンディショニング）→色彩の効果を生活に生かす

Q1．手術室や手術着は、なぜ、青緑か？
　→青緑色は、血の赤色の補色で、血の刺激を抑える効果があるとされている。
Q2．点字ブロック（舗道上のつぶつぶタイル）は、なぜ、黄色か？
　→視力の弱い人にとっても黄色は明るくて他の色から際立って見えるから。
Q3．ノート用紙で目が疲れない色は？→「5G　8／3」（148頁参照）に近い色。

（藤江　充）

資料1　各学年の目標及び内容の系統表（小学校図画工作科）
教科の目標，各学年の目標及び内容

第1目標			表現及び鑑賞の活動を通して，造形的な見方・考え方を働かせ，生活や社会の中の形
		「知識及び技能」	(1) 対象や事象を捉える造形的な視点について自分の感覚や行為を通して理解する
		「思考力，判断力，表現力等」	(2) 造形的なよさや美しさ，表したいこと，表し方などについて考え，創造的に発想
		「学びに向かう力，人間性等」	(3) つくりだす喜びを味わうとともに，感性を育み，楽しく豊かな生活を創造しよ
第2　各学年の目標及び内容	1 目標		〔第1学年及び第2学年〕
		「知識及び技能」	(1) 対象や事象を捉える造形的な視点について自分の感覚や行為を通して気付くとともに，手や体全体の感覚などを働かせ材料や用具を使い，表し方などを工夫して，創造的につくったり表したりすることができるようにする。
		「思考力，判断力，表現力等」	(2) 造形的な面白さや楽しさ，表したいこと，表し方などについて考え，楽しく発想や構想をしたり，身の回りの作品などから自分の見方や感じ方を広げたりすることができるようにする。
		「学びに向かう力，人間性等」	(3) 楽しく表現したり鑑賞したりする活動に取り組み，つくりだす喜びを味わうとともに，形や色などに関わり楽しい生活を創造しようとする態度を養う。
	2 内容	A 表現	(1) 表現の活動を通して，発想や構想に関する次の事項を身に付けることができるよう指導する。
			ア　造形遊びをする活動を通して，身近な自然物や人工の材料の形や色などを基に造形的な活動を思い付くことや，感覚や気持ちを生かしながら，どのように活動するかについて考えること。
		「思考力，判断力，表現力等」	イ　絵や立体，工作に表す活動を通して，感じたこと，想像したことから，表したいことを見付けることや，好きな形や色を選んだり，いろいろな形や色を考えたりしながら，どのように表すかについて考えること。
			(2) 表現の活動を通して，技能に関する次の事項を身に付けることができるよう指導する。
		「技能」	ア　造形遊びをする活動を通して，身近で扱いやすい材料や用具に十分に慣れるとともに，並べたり，つないだり，積んだりするなど手や体全体の感覚などを働かせ，活動を工夫してつくること。
			イ　絵や立体，工作に表す活動を通して，身近で扱いやすい材料や用具に十分に慣れるとともに，手や体全体の感覚などを働かせ，表したいことを基に表し方を工夫して表すこと。
		B 鑑賞	(1) 鑑賞の活動を通して，次の事項を身に付けることができるよう指導する。
		「思考力，判断力，表現力等」	ア　身の回りの作品などを鑑賞する活動を通して，自分たちの作品や身近な材料などの造形的な面白さや楽しさ，表したいこと，表し方などについて，感じ取ったり考えたりし，自分の見方や感じ方を広げること。
		〔共通事項〕	(1) 「A表現」及び「B鑑賞」の指導を通して，次の事項を身に付けることができるよう指導する。
		「知識」	ア　自分の感覚や行為を通して，形や色などに気付くこと。
		「思考力，判断力，表現力等」	イ　形や色などを基に，自分のイメージをもつこと。

や色などと豊かに関わる資質・能力を次のとおり育成することを目指す。

とともに，材料や用具を使い，表し方などを工夫して，創造的につくったり表したりすることができるようにする。

や構想をしたり，作品などに対する自分の見方や感じ方を深めたりすることができるようにする。

うとする態度を養い，豊かな情操を培う。

〔第3学年及び第4学年〕	〔第5学年及び第6学年〕
(1) 対象や事象を捉える造形的な視点について自分の感覚や行為を通して分かるとともに，手や体全体を十分に働かせ材料や用具を使い，表し方などを工夫して，創造的につくったり表したりすることができるようにする。	(1) 対象や事象を捉える造形的な視点について自分の感覚や行為を通して理解するとともに，材料や用具を活用し，表し方などを工夫して，創造的につくったり表したりすることができるようにする。
(2) 造形的なよさや面白さ，表したいこと，表し方などについて考え，豊かに発想や構想をしたり，身近にある作品などから自分の見方や感じ方を広げたりすることができるようにする。	(2) 造形的なよさや美しさ，表したいこと，表し方などについて考え，創造的に発想や構想をしたり，親しみのある作品などから自分の見方や感じ方を深めたりすることができるようにする。
(3) 進んで表現したり鑑賞したりする活動に取り組み，つくりだす喜びを味わうとともに，形や色などに関わり楽しく豊かな生活を創造しようとする態度を養う。	(3) 主体的に表現したり鑑賞したりする活動に取り組み，つくりだす喜びを味わうとともに，形や色などに関わり楽しく豊かな生活を創造しようとする態度を養う。
(1) 表現の活動を通して，発想や構想に関する次の事項を身に付けることができるよう指導する。	(1) 表現の活動を通して，発想や構想に関する次の事項を身に付けることができるよう指導する。
ア 造形遊びをする活動を通して，身近な材料や場所などを基に造形的な活動を思い付くことや，新しい形や色などを思い付きながら，どのように活動するかについて考えること。	ア 造形遊びをする活動を通して，材料や場所，空間などの特徴を基に造形的な活動を思い付くことや，構成したり周囲の様子を考え合わせたりしながら，どのように活動するかについて考えること。
イ 絵や立体，工作に表す活動を通して，感じたこと，想像したこと，見たことから，表したいことを見付けることや，表したいことや用途などを考え，形や色，材料などを生かしながら，どのように表すかについて考えること。	イ 絵や立体，工作に表す活動を通して，感じたこと，想像したこと，見たこと，伝え合いたいことから，表したいことを見付けることや，形や色，材料の特徴，構成の美しさなどの感じ，用途などを考えながら，どのように主題を表すかについて考えること。
(2) 表現の活動を通して，技能に関する次の事項を身に付けることができるよう指導する。	(2) 表現の活動を通して，技能に関する次の事項を身に付けることができるよう指導する。
ア 造形遊びをする活動を通して，材料や用具を適切に扱うとともに，前学年までの材料や用具についての経験を生かし，組み合わせたり，切ってつないだり，形を変えたりするなどして，手や体全体を十分に働かせ，活動を工夫してつくること。	ア 造形遊びをする活動を通して，活動に応じて材料や用具を活用するとともに，前学年までの材料や用具についての経験や技能を総合的に生かしたり，方法などを組み合わせたりするなどして，活動を工夫してつくること。
イ 絵や立体，工作に表す活動を通して，材料や用具を適切に扱うとともに，前学年までの材料や用具についての経験を生かし，手や体全体を十分に働かせ，表したいことに合わせて表し方を工夫して表すこと。	イ 絵や立体，工作に表す活動を通して，表現方法に応じて材料や用具を活用するとともに，前学年までの材料や用具などについての経験や技能を総合的に生かしたり，表現に適した方法などを組み合わせたりするなどして，表したいことに合わせて表し方を工夫して表すこと。
(1) 鑑賞の活動を通して，次の事項を身に付けることができるよう指導する。	(1) 鑑賞の活動を通して，次の事項を身に付けることができるよう指導する。
ア 身近にある作品などを鑑賞する活動を通して，自分たちの作品や身近な美術作品，製作の過程などの造形的なよさや面白さ，表したいこと，いろいろな表し方などについて，感じ取ったり考えたりし，自分の見方や感じ方を広げること。	ア 親しみのある作品などを鑑賞する活動を通して，自分たちの作品，我が国や諸外国の親しみのある美術作品，生活の中の造形などの造形的なよさや美しさ，表現の意図や特徴，表し方の変化などについて，感じ取ったり考えたりし，自分の見方や感じ方を深めること。
(1) 「A表現」及び「B鑑賞」の指導を通して，次の事項を身に付けることができるよう指導する。	(1) 「A表現」及び「B鑑賞」の指導を通して，次の事項を身に付けることができるよう指導する。
ア 自分の感覚や行為を通して，形や色などの感じが分かること。	ア 自分の感覚や行為を通して，形や色などの造形的な特徴を理解すること。
イ 形や色などの感じを基に，自分のイメージをもつこと。	イ 形や色などの造形的な特徴を基に，自分のイメージをもつこと。

指導計画の作成と内容の取扱い

第3 指導計画の作成と内容の取扱い

1 指導計画の作成に当たっては,次の事項に配慮するものとする。

(1) 題材など内容や時間のまとまりを見通して,その中で育む資質・能力の育成に向けて,児童の主体的・対話的で深い学びの実現を図るようにすること。その際,造形的な見方・考え方を働かせ,表現及び鑑賞に関する資質・能力を相互に関連させた学習の充実を図ること。

(2) 第2の各学年の内容の「A表現」及び「B鑑賞」の指導については相互の関連を図るようにすること。ただし,「B鑑賞」の指導については,指導の効果を高めるため必要がある場合には,児童や学校の実態に応じて,独立して行うようにすること。

(3) 第2の各学年の内容の〔共通事項〕は,表現及び鑑賞の学習において共通に必要となる資質・能力であり,「A表現」及び「B鑑賞」の指導と併せて,十分な指導が行われるよう工夫すること。

(4) 第2の各学年の内容の「A表現」については,造形遊びをする活動では,(1)のア及び(2)のアを,絵や立体,工作に表す活動では,(1)のイ及び(2)のイを関連付けて指導すること。その際,(1)のイ及び(2)のイの指導に配当する授業時数については,工作に表すことの内容に配当する授業時数が,絵や立体に表すことの内容に配当する授業時数とおよそ等しくなるように計画すること。

(5) 第2の各学年の内容の「A表現」の指導については,適宜共同してつくりだす活動を取り上げるようにすること。

(6) 第2の各学年の内容の「B鑑賞」においては,自分たちの作品や美術作品などの特質を踏まえて指導すること。

(7) 低学年においては,第1章総則の第2の4の(1)を踏まえ,他教科等との関連を積極的に図り,指導の効果を高めるようにするとともに,幼稚園教育要領等に示す幼児期の終わりまでに育ってほしい姿との関連を考慮すること。特に,小学校入学当初においては,生活科を中心とした合科的・関連的な指導や,弾力的な時間割の設定を行うなどの工夫をすること。

(8) 障害のある児童などについては,学習活動を行う場合に生じる困難さに応じた指導内容や指導方法の工夫を計画的,組織的に行うこと。

(9) 第1章総則の第1の2の(2)に示す道徳教育の目標に基づき,道徳科などとの関連を考慮しながら,第3章特別の教科道徳の第2に示す内容について,図画工作科の特質に応じて適切な指導をすること。

2 第2の内容の取扱いについては,次の事項に配慮するものとする。

(1) 児童が個性を生かして活動することができるようにするため,学習活動や表現方法などに幅をもたせるようにすること。

(2) 各学年の「A表現」及び「B鑑賞」の指導を通して,児童が〔共通事項〕のアとイとの関わりに気付くようにすること。

(3) 〔共通事項〕のアの指導に当たっては,次の事項に配慮し,必要に応じて,その後の学年で繰り返し取り上げること。
 ア 第1学年及び第2学年においては,いろいろな形や色,触った感じなどを捉えること。
 イ 第3学年及び第4学年においては,形の感じ,色の感じ,それらの組合せによる感じ,色の明るさなどを捉えること。
 ウ 第5学年及び第6学年においては,動き,奥行き,バランス,色の鮮やかさなどを捉えること。

(4) 各学年の「A表現」の指導に当たっては,活動の全過程を通して児童が実現したい思いを大切にしながら活動できるようにし,自分のよさや可能性を見いだし,楽しく豊かな生活を創造しようとする態度を養うようにすること。

(5) 各活動において,互いのよさや個性などを認め尊重し合うようにすること。

(6) 材料や用具については,次のとおり取り扱うこととし,必要に応じて,当該学年より前の学年において初歩的な形で取り上げたり,その後の学年で繰り返し取り上げたりすること。
 ア 第1学年及び第2学年においては,土,粘土,木,紙,クレヨン,パス,はさみ,のり,簡単な小刀類など身近で扱いやすいものを用いること。
 イ 第3学年及び第4学年においては,木切れ,板材,釘,水彩絵の具,小刀,使いやすいのこぎり,金づちなどを用いること。
 ウ 第5学年及び第6学年においては,針金,糸のこぎりなどを用いること。

(7) 各学年の「A表現」の(1)のイ及び(2)のイについては,児童や学校の実態に応じて,児童が工夫して楽しめる程度の版に表す経験や焼成する経験ができるようにすること。

(8) 各学年の「B鑑賞」の指導に当たっては,児童や学校の実態に応じて,地域の美術館などを利用したり,連携を図ったりすること。

(9) 各学年の「A表現」及び「B鑑賞」の指導に当たっては,思考力,判断力,表現力等を育成する観点から,〔共通事項〕に示す事項を視点として,感じたことや思ったこと,考えたことなどを,話したり聞いたり話し合ったりする,言葉で整理するなどの言語活動を充実すること。

(10) コンピュータ,カメラなどの情報機器を利用することについては,表現や鑑賞の活動で使う用具の一つとして扱うとともに,必要性を十分に検討して利用すること。

(11) 創造することの価値に気付き,自分たちの作品や美術作品などに表れている創造性を大切にする態度を養うようにすること。また,こうした態度を養うことが,美術文化の継承,発展,創造を支えていることについて理解する素地となるよう配慮すること。

3 造形活動で使用する材料や用具,活動場所については,安全な扱い方について指導する,事前に点検するなどして,事故防止に留意するものとする。

4 校内の適切な場所に作品を展示するなどし,平素の学校生活においてそれを鑑賞できるよう配慮するものとする。また,学校や地域の実態に応じて,校外に児童の作品を展示する機会を設けるなどするものとする。

資料2　図画工作科の「採用試験問題」の例

　教員免許所を取得して正規の教員となるためには、教員採用試験に合格する必要がある。採用試験の形式は自治体（都道府県や政令指定都市など）によって異なるが、学習指導要領と色彩論、教育史などはよく出題される内容である。その問題例を4問紹介するが、正解は本書を熟読して自分で見付けよう。

【問題1】 次の文は、小学校学習指導要領（平成29年告示）で、図画工作科の目標について述べたものである。（ア）〜（カ）に適する語句を、下の1〜10から選んで番号で答えよ。

　図画工作科の教科の目標は、「表現及び鑑賞の活動を通して、（ア）見方・考え方を働かせ、（イ）や社会の中の形や色などに関する資質・能力を次の通り育成することを目指す」とされ、「(1)対象や事象を捉える（ア）視点について自分の感覚や行為を通して（ウ）とともに、材料や用具を使い、表し方などを工夫して、創造的につくったり表したりすることができるようにする。(2)（ア）よさや美しさ、表したいこと、表し方などについて考え、創造的に発想や構想をしたり、作品などに対する自分の見方や（エ）を深めたりすることができるようにする。(3)つくりだす喜びを味わうとともに、（オ）を育み、楽しく豊かな（イ）を創造しようとする態度を養い、豊かな（カ）を培う。」の3点に分けて示される。

〈語句〉
1　美的な　　　2　造形的な　　3　理解する　　4　操作する　　5　捉え方
6　感じ方　　　7　生活　　　　8　感性　　　　9　情操　　　　10　感覚

【問題2】 次の文は学習指導要領・図画工作科について述べたものである。正しい文章を一つ選べ。
ア．造形遊びは、遊びの活動なので、技能に関しては評価することはない。
イ．鑑賞は表現との関連を図るようにするが、必要に応じて鑑賞だけを単独で行うようにする。
ウ．工作は時間がかかるので、絵や立体よりも多くの授業時数をとるようにする。
エ．水彩絵の具は、3年生で扱うことになっているので、低学年では使わせないようにする。
オ．感じたことや考えたことなどは造形的に表現するので言葉で整理することはさせないようにする。

【問題3】 次のア〜オの人物と、その事業や活動について、正しいものを二つ選ぶとき、その組合せを解答群から一つ選び、記号で答えよ。
ア．山本鼎　　―　毛筆画
イ．北川民次　―　創造美育協会
ウ．岡倉天心　―　新定画帖
エ．H.リード　―　芸術による教育
オ．E.フェノロサ　―　工部美術学校
〈解答群〉
1．アイ　2．アウ　3．アエ　4．アオ　5．イウ　6．イエ　7．イオ　8．ウエ　9．ウオ

【問題4】 次の色彩について述べた文章を、（　）内に適切な語句を入れて完成させよ。［記述式］
(1)色の三要素（属性）は、明度、（　ア　）、（　イ　）である。
(2)色料の三原色は、イエロー（黄色）、シアン（　ウ　）、マゼンタ（　エ　）である。
(3)光の三原色は、R（レッド＝赤）、G（オ　　　＝　　　）、B（カ　　　＝　　　）である。
(4)色相を順番にならべて円環にしたものを（　キ　）といい、12色に分けることが多い。
(5)同じ色相のなかで最も彩度の高い色を（　ク　）といい、それに白を混ぜたものを明清色という。

ア	イ	ウ	エ
オ	カ	キ	ク

重要人物（国内）

川上冬崖（1828/文政11〜1881/明治14年）

幕末から明治前期にかけて活躍した南画家、洋画家、図画教育者。安政4（1857）、蕃書調所で西洋画法研究を始め、画学出役となり高橋由一らを指導。明治4（1871）西洋画の一般指導書『西画指南』を刊行し洋画法の普及に功績を残した。地理書『輿地誌略』の挿絵を銅版画でかき、石版技術を研究。明治7（1874）には石版図画教本『写景法範』を刊行。この間、日本初の洋画塾聴香読画館を開き小山正太郎らを指導した。また画家としては伝統的な日本画を多くかき花鳥画の秀作を残す。

主な著書　『西画指南』1871（明治4）……文部省版初の図画教科書。

白浜　徴（1866/慶応1〜1928/昭和3年）

明治35（1902）「普通教育における図画取調委員」に任命され、美術教育法を調査。普通教育専門の図画教員養成の必要を訴えた。欧米図画教育調査で米国へ留学。東京美術学校図画師範科主任として中等学校教員養成を行う。（卒業生は各府県師範学校教員となり、小学校教員養成に携わる。）

主な著書　正木直彦、上原六四郎、小山正太郎、白浜徴（留学成果を踏まえ編集）、阿部七五三吉編『新定画帖』東京書籍、1910（明治43）……従来の臨画一辺倒の教育から脱却。児童の精神的発達を考慮した教材組織に基づく教育体系を確立した画期的教科書。

北川民次（1894/明治27〜1989/平成1年）

静岡県出身の洋画家。二科会会長。大正2年に渡米。その後、革命後のメキシコに渡りシケイロスらと交流。高まりを見せていたメキシコ壁画運動などメキシコ絵画の影響を受けて力強い作風の作品を残す。メキシコ市郊外の野外美術学校での児童画教育を約10年間行った。帰国後の昭和27（1952）、創造主義美術教育を主張する久保貞次郎らと「創造美育協会」を結成した。児童の個性の伸長を目指し、創造性を阻害する心理的抑圧からの解放を訴えた。毎年「セミナール」を開催し、運動は全国に広まった。

主な著書　『絵を描く子供たち』岩波書店、1952（昭和27）

岡倉天心（1863/文久3〜1913/大正2年）

西洋化の波が押し寄せる明治時代に日本の伝統美術の価値を認め、美術史、美術評論、美術行政などの分野で近代日本美術の発展に貢献。東京開成学校（現・東京大学）で、講師のフェノロサに認められ助手に。東京美術学校（現・東京藝術大学）の設立に大きく貢献し、27歳の若さで校長となって横山大観ら気鋭の作家を育てる。日本美術院を創設。さらにボストン美術館中国・日本美術部長に就任し、東洋や日本の美術、文化を欧米に積極的に紹介。

主な著書　（いずれも原文英語）
『東洋の思想』1903（明治36）
『茶の本』1906（明治39）

山本　鼎（1882/明治15〜1946/昭和21年）

大正期の版画家、洋画家、教育者。木版画「漁夫」は代表作。民主主義的風潮が高まる中「自由画教育運動」をおこし、それまでの臨画教育に異議を唱える。技術や方法より、目で見て感じたことを描くことの大切さを主張。児童画指導の改革を行った。長野県神川小学校での講演と自由画展から始まったこの運動は全国に広がった。画材を研究し、「クレパス」の開発にも関わった。一方で農民美術運動をおこし、冬の農村の副業として、農民による生活雑貨や木彫人形の制作、販売を支援した。

主な著書　『自由画教育』アルス、1921（大正10）

箕田源二郎（1918/大正7〜2000/平成12年）

画家、絵本作家、美術教育者。『ごんぎつね』（新美南吉作、ポプラ社、1969）、『ぞうれっしゃがやってきた』（小出隆司 作、岩崎書店、1983）他、多くの絵本作品がある。戦後に誕生した民間美術教育団体の一つ「新しい画の会」（1959「新しい絵の会」に改称）で、現場の実践家と連携しながら井手則雄らと生活画を中心とした美術教育運動をすすめた。生活との関わりから、内面的自発性を触発させつつ、子どもの現実的な認識力の形成を目指した。

主な著書　『教師の実践記録』三一書房、1956（昭和31）
『美術との対話』講学館、1968（昭和43）

用語解説

工部美術学校

明治初期は西洋模倣時代といわれ、鉛筆画中心の教育だった。美術の表現の教育ではなく、技術教育的側面が強かった。そんな中、1876（明治9）伊藤博文によって設置された美術教育機関が「工部美術学校」である。イタリアからフォンタネージら3人の美術家が招かれ、絵画や彫刻を指導した。材料はイタリアから輸入され、純粋な西洋美術教育が行われた。小山正太郎他、その後の日本の西洋画壇の中心となる者を多数輩出した。国粋主義が台頭する中、1883（明治16）に廃校。

バウハウス

1919年に建築家、グロピウスがドイツのヴァイマルに設立した造形専門学校。（その後デッサウ、ベルリンに移転し1933閉校）。新時代の文化を形成するための芸術と技術の統合、デザインの確立を理念とし、工芸、写真、デザインなどを含む美術と建築に関する総合的な教育を行った。特徴の一つ「基礎教育」をヨハネス・イッテン、モホリ・ナギ、カンディンスキー、クレーらが担当。14年間という短い期間ではあったが、その後の世界の芸術運動、デザイン、造形教育に多大な影響を与えた。

重要人物（海外）

フリードリヒ・フォン・シラー（1759～1805年）

ドイツの詩人、歴史学者、劇作家、思想家。ゲーテと並ぶドイツ古典主義の代表者である。彼の作品の底流には、独自の哲学と美学に裏打ちされた理想主義の精神が流れている。カント哲学の『判断力批判』などに影響を受け、人間の感性と理性とが統一された「遊戯する」ところに調和のとれた完全な人間、つまり美的人間が存在するとしてとした。全人教育に果たす、芸術を通した美的教育の価値を主張し「芸術による教育」の先駆けとなった。

主な著書
（小栗孝則 訳）『人間の美的教育について』叢書ウニベルシタス・法政大学出版局、新版、2017（平成29）

フランツ・チゼック（1865～1946年）

創造性を主体とする今日の美術教育の土台をつくった教育者。1897ウイーンで児童美術教育の実験を始め、国立美術工芸学校で児童美術教室を開いた（1903～1938）。子ども自身の世界を認める20世紀の教育思想を先取りした、子ども中心の造形教育の出発点といえる。「子どもたちをして成長せしめよ、発展させ、成熟せしめよ」という思想はオーストリアから世界中に広まり、戦後の日本の民間美術教育運動などの発展の原動力となった。

参考書籍
W.ヴィオラ（久保貞次郎、深田尚彦 訳）『チィゼックの美術教育』黎明書房、1999（平成11）

ハーバート・リード（1893～1968年）

イギリス出身の文学、美術批評家。活動の幅は広く、教育から政治まで文化領域全般に及ぶ。著書『平和のための教育』では民主主義教育の中枢に芸術教育を置くことを提案。『芸術による教育』では芸術を基礎とする教育システムを構想した。民主主義の確立を目標にしていた戦後の日本の教育界にはリードの主張をすすんで受け入れる精神的基調があり、昭和20年代末以降に著作群も多く翻訳された。

主な著書
（植村鷹千代 訳）『芸術による教育』美術出版社、1953（昭和28）
（宮脇理、直江俊雄 訳）『芸術による教育』フィルムアート社、2001（平成13）

アーネスト・フェノロサ（1853～1908年）

アメリカ合衆国の東洋美術史家。日本美術を評価し紹介に努めた。1878（明治11）に来日。東京開成学校（現・東京大学）で哲学などを講じた。文化財保護行政にも関わり1884文部省図画調査委員として助手の岡倉天心と古社寺宝物調査を行う。天心とともに東京美術学校の設立に尽力。講演の記録をまとめたとされる1882（明治15）の『美術真説』は東洋美術の優れた点を強調。日本美術の再評価に大きく影響。

主な著書
（森東吾 訳）『東洋美術史綱』東京美術、〈上〉1978（昭和53）・〈下〉1981（昭和56）／英文 1912（大正1）

ヨハネス・イッテン（1888～1967年）

スイス生まれの造形教育家。小学校の教師を経て、1919バウハウスのマイスターとなる。将来の専門に関係なく造形の基礎を半年間学ぶ「予備課程」（のちの基礎課程）をつくり、4年間担当した。予備課程は造形教育における基礎と専門とをつなぐもので、バウハウスの教育構想の根幹といえる。授業は色彩研究と形態研究（対比、分析、材料、テクスチュア、構成）が中心で、その革新的・自由主義的な教育は、後のデザイン、構成教育の原点をなすものである。

主な著書
（大智浩 訳）『色彩論』美術出版社、1971（昭和46）

ビクター・ローウェンフェルド（1903～1960年）

オーストリア生まれ。ウイーンで美術と教育の研究を始める。渡米し、ペンシルヴァニア州立大学で多くの美術教育研究者を育てた。造形活動の成長発達に注目し、人間形成の立場から創造活動の変化を発達段階にまとめた（発達段階説）。また、創造活動のタイプを分類し（視覚型と触覚型）個に応じた指導の必要性を訴えた。実際的、体系的な指導書『美術による人間形成』は、戦後日本の美術教育の、理論と実践の礎となった。

主な著書
（竹内清、堀内敏、武井勝雄 訳）『美術による人間形成―創造的発達と精神的成長』黎明書房、1963（昭和38）

用語解説

コース・オブ・スタディ

1947年3月、文部省から「学習指導要領・一般編（試案）」が示された。その際に参考とされたのが、アメリカ合衆国の各州で独自につくられている「コース・オブ・スタディ」である。特に参考にしたのは、ヴァージニア州とカリフォルニア州のプランといわれる。それは、教育課程をどのように具体化し、学習指導をしていくかを計画するための教師用手引書である。その後も、教育の現代化などアメリカ合衆国の教育動向は、ほぼ10年ごとの学習指導要領の改訂に影響を与えてきた。

民間教育運動

戦後、文部省（現、文科省）による公的教育制度とは別に、昭和20年代後期から30年代に多数の民間教育団体が生まれ美術教育運動を担った。その先駆けとして、大正期の山本鼎の自由画教育運動などがある。久保貞次郎らによる「創造美育協会」は精神の解放や児童中心主義を掲げた。井手則雄らによる「新しい絵の会」は生活画を通して子どもの現実的な認識力の形成を目指した。また勝見勝らによる「造形教育センター」はデザインや工作を含めた系統的な学習を構築しようとした。

索引

用語

あ

アイデアスケッチ……………………107-109
新しい絵の会…………………… 39, 164-165
アニメーション…………………… 114-117, 147
油粘土……………………………… 70-73, 145
ESD……………………………………… 98-101
イメージ（image）…… 21-23, 136, 150, 156-157
イリュージョン（幻影／illusion）…1-13, 155
AI ……………………………………… 14-15
『エノホン』…………………………… 30, 36
絵本…………………………………… 86-89, 164
遠近法……………………………… 54, 151, 155
鉛筆画（教科書）………………… 30-33, 164
落ち葉……………………………… 66, 82-85

か

学習指導案………… 27, 58-64, 130, 135, 157
学習指導要領……… 9, 11-12, 14, 19-28, 30, 37,
　　　　　　　　39-41, 55-56, 59, 64, 132-133, 136,
　　　　　　　　138-139, 147, 150, 156, 160-163, 165
学校教育法………………………… 28, 29, 37
狩野派………………………………………… 32
紙コップ……………………………………66-69
紙粘土………………………………… 114-117, 145
カム（動く仕組み）……………………106-109
鑑賞活動………… 9-10, 13, 46, 65, 110-113, 136
擬態…………………………………………… 10
基底線…………………………………… 15, 51-52
ギャラリートーク………………………110-113
牛乳パック………………………… 70-73, 106, 145
きり（錐）………………………90-91, 106, 135, 146
車…………………………………………… 90-93
『芸術による教育』………… 7, 16, 158, 163, 165
形成的評価……………………………130-131, 135
芸能科…………………………………29-30, 36-37
ゲシュタルト（心理学）………………156, 159
幻影…………………………………………10-13
　―視覚的幻影……………………………10-11
　―情趣的幻影……………………………10, 12
言語活動………………………… 28, 57, 59, 162
げんのう………………………………………146
構成教育…………………………… 30, 35-36, 39, 165
交流及び共同学習…………………………118-121
個人内評価…………………………… 130-132, 136-137
ゴム動力……………………………………90-93
コラージュ……………………………………143

コラグラフ……………………………………142
コンピュータ…………… 114-115, 147, 150, 162

さ

作品主義………………………………………25
三原色……………………………… 152-153, 163
GHQ…………………………………………… 37
色相環…………………………………………152
質感（テクスチャー）……… 148, 151, 154, 159
実相主義…………………………………………34
自由画（運動・教育）……… 30, 33-35, 164-165
『小学図画』…………………………… 30, 35
情趣………………………………………10-14
『少年少女自習画帖』……………………… 35
心象（心象表現）………………… 10-14, 156
身体知……………………………………134, 137
『新定画帖』……………………… 30, 33-35, 163-164
審美（審美性）………………………15-18, 29
　―審美的感覚………………………………15-16
図式……………………… 15, 43-45, 47-48, 50-53
スタンピング………………………………140, 143
STEAM教育……………………………………… 15
スパッタリング……………………………112, 143
『西画指南』………………………………31, 164
絶対評価……………………………………130-131
造形教育センター………………………… 39, 165
造形的表現活動…………………… 8-11, 13-15, 18
造形要素……………………………… 35, 150-151, 159
創造（性・力）………………… 15, 18, 25, 36, 38,
　　　　　　　　106, 132, 135, 162, 164-165
創造的個性……………………………………… 7
創造美育（協会）……………… 38-39, 163-165
相対評価……………………………………130-131
属性………………………………… 12-13, 152, 163

た

体育館…………………………………………74-75
題材主義…………………………………………25
段ボール……… 56, 77, 118-123, 140, 142, 144, 146
彫刻（鑑賞）……………………………… 94-97
彫刻刀…………………………………142, 145, 149
土粘土………………………………………145, 148
土の絵の具…………………………………98-101
デカルコマニー……………………………142-143
適応表現………………………………………11, 39
デジタルカメラ…………………… 64, 77, 78-85,
　　　　　　　　　　　　　114-118, 147, 162
展開図（描）法………………………………51

伝統工芸 …………………………… 147
動画（ムービー） ……………… 90-93, 116-117
頭足人 ………………………………… 15, 49-50
透明色紙 ……………………………………… 78-81
特別支援学級 ……………………………… 118-123
ドリッピング ………………………………… 143

な
粘土 ……… 11, 21, 70-73, 114-117, 131, 136-137, 139, 145-146, 148, 162
のこぎり …………… 134-135, 139, 144, 148-149, 162

は
バウハウス ……………………… 35, 39, 164-165
場所の特徴 ………………… 82-85, 102-105
パソコン ……………………………………… 114-117
版画 ………… 11, 38-39, 41, 139, 142, 159, 164
板書計画 …………………………………………… 57
蕃書調所 ………………………………………… 31, 164
美術アカデミー ……………………………… 158
美術批評 ……………………………………… 46, 165
美的教育（審美的教育）…………… 16-17, 158, 165
表現活動 ……… 8-11, 13-15, 18, 43-54, 132, 149
表現性の涵養 …………………………………… 14
評定 ……………………………… 130-132, 136, 158
深い学び …………………………… 19, 23, 25, 162
フロッタージュ ……………………………… 140, 143
フローチャート ………………………………… 60-61
平面的造形 ……………………………………… 11
変工（人為的変工）………………………… 10, 13-14
ポートフォリオ ……………………………… 137

ま
マンセルシステム ……………………………… 152
見立て ………… 66, 70, 72, 75, 86, 123, 146, 156
毛筆画（教科書）………………… 30-33, 158, 163
モダニズム ……………………………………… 35, 39

ら
立体的造形 ……………………………………… 11
臨画 ……………………………… 31, 33, 35, 158, 164

わ
ワークシート ………… 73, 78-81, 85, 89, 94-97, 103, 105, 115
わりばし ………………………………… 67, 74-77
わりばしペン ………………………………… 141

人名
浅井忠 …………………………………………… 31
アンダーソン，トム ……………………… 46-47
石野隆 …………………………………………… 34
井手則雄 ……………………………… 39, 164-165
植村鷹千代 …………………………………… 7, 165
大田耕士 ………………………………………… 38
岡倉（覚三）天心 ……………… 31-32, 163-165
岡田清 …………………………………………… 38
川喜多煉七郎 ………………………………… 35
北川民次 ……………………………… 39, 163-164
久保貞次郎 ………………………………… 38-39, 165
グロピウス，ワルター …………………… 39, 164
ジョブズ，スティーブ ……………………… 15
白浜徴 ……………………………………… 33, 164
スーラ，ジョルジュ …………… 110-113, 153
武井勝雄 ……………………………………… 35, 165
パーソンズ，マイケル …………………… 46-47
バゼーヌ，ジャン ……………………………… 15
ピアジェ，ジャン ………………………… 43-44
ピカソ，パブロ ……………………………… 15, 46
フェノロサ，アーネスト ………… 31, 32, 163-165
深田康算 ………………………………………… 18
ペンローズ，ロジャー ……………………… 15
ポアンカレ，アンリ ………………………… 15
堀孝雄 …………………………………………… 34
水谷武彦 ………………………………………… 35
箕田源二郎 ………………………………… 39, 164
森（林太郎）鴎外 …………………………… 18
山本鼎 …………………………… 33-35, 163-165
山脇巌 …………………………………………… 35
リード，ハーバート …………… 7, 8, 16-17, 35, 158, 163, 165
ローウェンフェルド，ビクター ……… 47, 165

令和元年10月1日現在

編著　佐藤　洋照（明星大学教育学部教授）
　　　　藤江　　充（愛知教育大学名誉教授）

執筆　佐藤　洋照
　　　　阿部　宏行（北海道教育大学岩見沢校教授）
　　　　金子　一夫（茨城大学名誉教授）
　　　　藤江　　充
　　　　槇野　　匠（明星大学教育学部特任准教授）
　　　　西尾　正寛（畿央大学教育学部教授）

　　　　服部　真也（奈良女子大学附属小学校教諭）
　　　　中島　綾子（荒川区立赤土小学校教諭）
　　　　高橋英理子（岡山大学教育学部附属小学校教諭）
　　　　南　　育子（墨田区立業平小学校指導教諭）
　　　　宮川　紀宏（鳴門教育大学附属小学校非常勤講師）
　　　　中森　千穂（大田区立千鳥小学校教諭）
　　　　荒木　宣彦（京都市立藤ノ森小学校教諭）
　　　　鈴木　陽子（目黒区立五本木小学校指導教諭）
　　　　雨宮　　玄（あきる野市立東秋留小学校指導教諭）
　　　　平尾　隆史（京都華頂大学准教授）
　　　　沢代　宜往（名古屋市立豊岡小学校教諭）
　　　　有馬　佳子（金沢市立森山町小学校教諭）
　　　　中原　靖友（群馬大学教育学部附属小学校主幹教諭）（実践執筆時）
　　　　中村　珠世（北海道教育大学附属札幌小学校教諭）

図画工作科指導法研究

2019年（令和元年）10月 1 日　初版発行
2021年（令和 3 年） 3 月22日　 2 刷発行

編 著 者　佐藤洋照／藤江充
発 行 者　佐々木秀樹
発 行 所　日本文教出版株式会社
　　　　　https://www.nichibun-g.co.jp/
　　　　　〒558-0041 大阪市住吉区南住吉4-7-5　TEL：06-6692-1261

デザイン　株式会社キャデック
印刷・製本　株式会社シナノ

©2019 Yosho Sato/Mitsuru Fujie　　Printed in Japan
ISBN978-4-536-60107-8

定価はカバーに表示してあります。本書の無断転載・複製を禁じます。
乱丁・落丁本は購入書店を明記の上、小社大阪本社業務部（TEL：06-6695-1771）あてに
お送りください。送料小社負担にてお取り替えいたします。